Gilbert Huybens

Who's Who?

De beelden op de gevels van het Leuvense Stadhuis

Les statues des façades de l'Hôtel de ville de Leuven

The statues on the façades of the Leuven Town Hall

Foto's: Eric Dewaersegger

PEETERS

C22-23

Franse vertaling: Norbert van Ceulebroeck
Engelse vertaling: Maria Kelly en Geert Robberechts

Met medewerking van: Evert Cockx, Jef de Roeck, Maria Gilleir, Christiana Hertogs, Mike Hopwood, Fabienne Legrand, Aldo de Martelaere, Guibert Michiels, Hedwig Persyn.

Meester-schilder: Paul Mariën
Taalvirtuoos: Jos Stroobants
Lay-out: Typeface

ISBN 978-90-429-2889-3 D/2012/0602/140

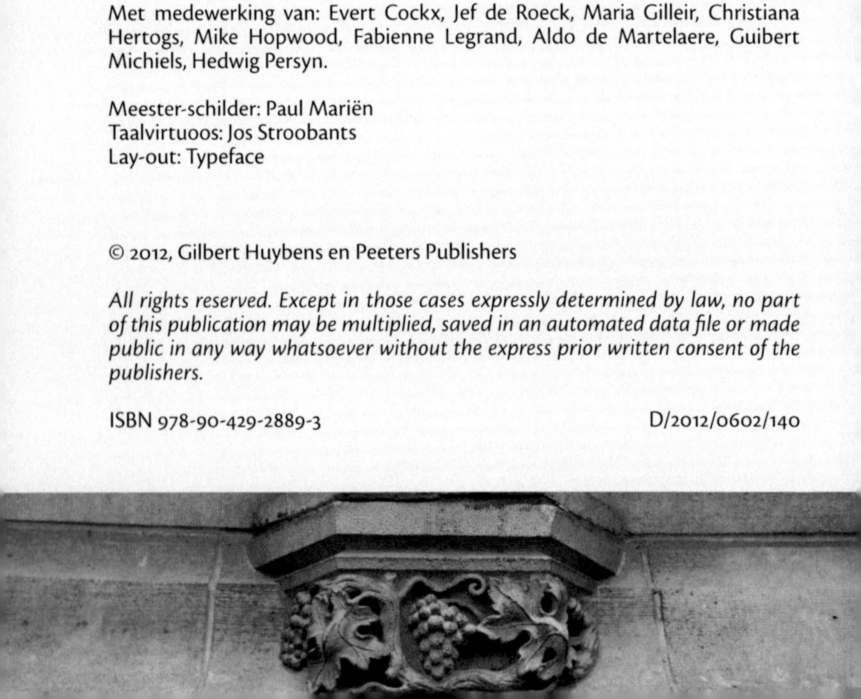

Who's Who?

Who's Who?

Who's Who?

DANKBAAR

Jos Viaene (1928-2012) en Alfonsine Maesschalck

- Het geheim van Sint-Taurpionus
- Le secret de St. Taurpion
- The secret of St. Taurpion

Paul Mariën, 2012

Stadhuis te Leuven

I

Hier heerst de stad, zoals in steen gevat
zij telkens weer zichzelf verzint, verhaal
tegen de sleet, een zeer voorzichtig klad
voor wat wellicht, en steeds op groter schaal,

toeristisch waarde krijgt en waarheid wordt:
geschiedenis, verzameld en verbeeld
op vrome sokkels. (Perspectief verkort
tot eenvoud, overzichtelijkheid. Dat scheelt.)

Wij zien hoe vreemden zien, horen opnieuw
hoe ooit uit ramen macht te pletter viel,
herkennen woorden: *perkament*, of *kiel*,

en voelen vaag een dagelijks tekort,
alsof het ons aan dieper inzicht schort,
een ongemakkelijke Achilleshiel.

II

Hier wacht de stad op wie haar wil verstaan
van oude wortelstam tot stenen kruin.
Het huis, van zijn bewoonbaarheid ontdaan,
voltooit de stad zoals een eik een tuin,

zoals een vuurtoren de zee, zoals
een schrijn het leven van een martelaar,
en om zijn voet bewegen carnavals
en stoeterijen, burger, bedelaar.

De ramen kijken blind zoals de tijd
de toekomst tegemoet, en in zichzelf
gesloten, zo bewaart het huis op schelf

na schelf, onaangedaan, de ijdelheid
van al wat kwam en ging in schone schijn.
Het staat: een Gotisch teken, stenen schrijn

juni 2012

jos stroobants

C19

Who's Who?

De beelden op de gevels van het Leuvense stadhuis

De eerste helft van de 15de eeuw betekende voor de stad Leuven een keerpunt in haar geschiedenis. Begin van de eeuw werd de bouw aangevat van de huidige gotische Sint-Pieterskerk ter vervanging van een 11de-eeuwse Romaanse kerk.

Op 9 december 1425 vaardigde paus Martinus V een bul uit waarbij hij zijn toestemming verleende om in Leuven een *studium generale* op te richten waar het kerkelijk recht, het burgerlijk recht, de geneeskunde en de artes (met cursussen in logica, fysica en metafysica) mochten onderwezen worden. Zijn opvolger, Eugenius IV, voegde er in 1432 een faculteit godgeleerdheid aan toe.

Vanaf 1433 onderging de *Plaetse* – nu Grote Markt – een ingrijpende verandering. Door de ontruiming van het kerkhof aan de zuidkant van de Sint-Pieterskerk en de afbraak van een aantal huizen aan de overkant, ontstond een groot plein. Tegenover de kerk in opbouw voorzag men eveneens een nieuw stadhuis. Dat *nuwe huys* moest mooier zijn dan het stadhuis van Brussel met zijn indrukwekkend belfort.

Tussen beide steden bestond immers een grote rivaliteit. Die begon al in de 13de eeuw toen de hertogen van Brabant om politieke en economische redenen liever in Brussel resideerden, ondanks de grote financiële inspanningen van de stad om de hertogen in Leuven te houden. Pronkte Brussel met de titel *Princelycke stad*, Leuven bleef de *Beste stad* van Brabant. Deze titel had uiteindelijk nog weinig inhoud tot op 1 januari 1995 Leuven de hoofdplaats werd van de nieuwe Provincie Vlaams-Brabant.

Bouw van het stadhuis

Tijdens de eerste bouwfase (1439-1445) van het *nuwe huys* verrezen de achterste vleugel en, aan de binnenkoer of *Vrijthof*, drie klerkenkamers die moesten uitgeven op de grote voorzaal. Sulpitius van Vorst ontwierp het bouwplan, maar stierf al in september 1439. Zijn opvolger, de Mechelse architect Jan II Keldermans, voltooide de achterste vleugel, de drie klerkenkamers en de zuidoostelijke onversierde hoektoren. Hij overleed eind 1445.

De tweede bouwfase (1448-1469) staat op naam van de Henegouwer Mattheus de Layens († 1483). Hij realiseerde het *Voirste huys* met de fraai versierde gevel aan de Grote Markt en de *Conserverije* (1461) waar de huisbewaarder verbleef, langs de Naamsestraat. Aanvankelijk volgde hij het plan van Sulpitius van Vorst. Maar toen de wanden van de grote voorzaal zo goed als klaar waren, werd het belfort, dat op de hoek van de Naamsestraat moest komen, uit het bouwplan geschrapt hetgeen grote aanpassingen tot gevolg had. Die werden handig door de Layens opgevangen:

- het gebouw werd verhoogd;
- de westgevel werd een replica van de oostgevel;
- het bijbelse programma van de kraagstenen in de westgevel werd aangepast;
- de puntgevels van de oost- en westgevel werden bekroond met een torenspits, gelijkaardig aan die van de vier hoektorens;
- de toegang, aanvankelijk voorzien in het portaal van het belfort, kwam in de voorgevel terecht met daarvoor een kleine pui.

De eerstesteenlegging vond plaats op donderdag 28 maart 1448. Het gebouw was, samen met de kraagstenen, afgewerkt in 1469. De nissen bleven leeg tot midden 19de eeuw.

Door de eeuwen heen werd het gebouw aangepast en uitgebreid. Het vormt nu één groot complex tussen de Grote Markt, de Naamsestraat met de *Conserverije* en de *Dekenij van de lakenwevers*, de Muntstraat met een bijbouw uit 1938 (sinds juni 2012 'R Radiohuis Leuven'), en het politiekantoor op de hoek van de Boekhandelstraat met de Grote Markt. Meer dan 540 jaar heeft in het stadhuis niet alleen het rechterlijke, maar ook het politieke en administratieve hart van de stad geklopt. Op 2 december 2008 werd dat hart getransplanteerd naar het nieuwe *Stadskantoor* aan het station.

Verbouwingen en restauraties

Al begin 17de eeuw werden de torens vanwege instortingsgevaar met ijzeren staven verstevigd. In 1680 werd in de Naamsestraat de bovenvermelde *Dekenij* bijgebouwd. Die verschaft toegang tot het *Vrijthof*. In 1709 werd, ter wille van de symmetrie, een benedenraam in de voorgevel vervangen door een tweede toegangsdeur. De kleine pui maakte toen plaats voor de huidige brede trappartij. Links van de pui leidt een trap naar de middeleeuwse *raadskelders* die nu voor vergaderingen en recepties dienst doen. Midden 18de eeuw werd het voegwerk in de gevels vernieuwd. Om erosie tegen te gaan van de vele sculpturen die uit witte kalkzandsteen van Avesnes-le-Sec (F) waren vervaardigd, werden de gevels meermaals met lijnzaadolie ingesmeerd.

Het huidige uitzicht van de gevels is het resultaat van drie ingrijpende restauraties. Ze gebeurden onder de leiding van de stadsarchitecten Dominique Everaerts (1828-1841), Eugène Frische (1895-1914) en Jean Maloens (1972-1982). Vandaag zijn er in totaal 236 beelden zichtbaar, verdeeld over zeven niveaus. In plaats van de oude nummering hanteren we hier, om praktische redenen, een nieuw nummersysteem. Elk niveau – van onder naar boven – heeft een aparte letter, een kleur, en een nummering die loopt van links naar rechts (plan p. 76-77).

Gevelbeelden

De niveaus A, B, C, D zijn ingenomen door 149 beelden, waarvan 133 mannen en 16 vrouwen. Aangezien de smeedijzeren haken waaraan die beelden moesten worden vastgehecht al van meet af aan in de nissen waren aangebracht, moet men in de 15de eeuw al aan een beeldenprogramma hebben gedacht. Dat werd pas na 1849 gerealiseerd.

In september 1841 bekrachtigde Leopold I de toezegging van een staatstoelage van 3000 frank. Die moest de administratie in staat stellen de kosten te dekken voor het versieren van de stadhuisgevel met beelden. Het koninklijke gebaar kon door de stad moeilijk genegeerd worden. Het zou evenwel nog zes jaar duren alvorens de gemeenteraad het beeldenplan zou goedkeuren. In april 1849 volgde een prijsvraag waarop alleen Leuvense beeldhouwers konden intekenen. Bij wijze van proef zouden in de onderste rij van de voorgevel achttien beelden worden geplaatst. Die reeks (A10-29, zonder 18 en 21) was klaar in 1854.

Ondertussen had de Franse schrijver Victor Hugo, die Leuven in februari 1852 had bezocht en in de ban was geraakt van het monument, aan de burgemeester geschreven: 'Bevolk de nissen. Een burgerlijk of kerkelijk gebouw met lege nissen, is als een boek met blanco bladzijden. Een beeld plaatsen betekent een letter neerpennen. En met die letters schrijft men geschiedenis'.

In 1858 volgde een tweede reeks met achttien beelden (B5-22).

Vanaf 1859 werd de verdere uitwerking van het beeldenproject toevertrouwd aan Edward Van Even, stadsarchivaris, en Charles Piot, rijksarchivaris te Brussel. Allebei hadden ze voortreffelijke studies geschreven over de geschiedenis van Leuven en verzamelden ze veel materiaal, met betrekking tot de nog af te beelden figuren. In 1881 waren al de gevelnissen gevuld met, zoals het plan van 1849 voorzag 'personages die Leuven luister hadden bijgezet en tevens herinnerden aan de voornaamste instellingen van de stad in het verleden'.

D33

Who's Who?

- De onderste twee rijen (A1-41; B1-26) bevatten 67 personages: 65 daarvan hadden zich vanaf de middeleeuwen tot het begin van de 19de eeuw verdienstelijk gemaakt in het religieuze, politieke, wetenschappelijke, sociale en artistieke milieu te Leuven. De universiteit is vertegenwoordigd door 25 professoren.
- De middelste rij (C1-41) telt 41 beelden, waaronder de patroonheiligen van de parochiekerken Sint-Michiel, Sint-Kwinten, Sint-Jacob en Sint-Geertrui (C1-4); Sint-Pieter (A18) staat boven de linker toegangsdeur; de beschermheiligen van de vijf rederijkerskamers (C5-9); bekleders van officiële functies tijdens het Ancien Régime (C10-16); de stamvaders van de zeven Leuvense patriciërsfamilies (C17-23); de patroonheiligen van de vier schuttersgilden (C24-27) en van de tien ambachten (C28-37).
- De bovenste rij (D1-41) presenteert 41 personages met 39 vorsten, waaronder vijf vrouwen, die geregeerd hebben over het graafschap Leuven, het hertogdom Brabant en de Zuidelijke Nederlanden. Lambert I (D1), eerste graaf van Leuven, opent de reeks links boven in de oostgevel; Napoleon (D41), die geen hertog van Brabant was, besluit als laatste rechts boven in de westgevel.

Beeldhouwers

Alleen beeldhouwers geboren of woonachtig in Leuven kwamen voor een opdracht in aanmerking. De procedure was zeer streng. De figuren moesten harmoniëren met de stijl van het gebouw en hun klederdracht moest overeenstemmen met de periode waarin ze geleefd hadden. De uitvoering gebeurde onder het toezicht van een jury, samengesteld door de stedelijke administratie. Een beeldhouwer die een opdracht wenste, moest een maquette (schaal 1/3) in kleiaarde of plaaster aanbieden. Die werd in een kleine houten nis geplaatst en door de jury, in bijzijn van de kunstenaar, gekeurd. Na op- en aanmerkingen mocht die laatste een plaasteren model op ware grootte maken. Dat werd dan in een gevelnis geplaatst. Na goedkeuring werd dat model in steen gekapt. Die steen, afkomstig uit Rochefort (B) of Reffroy (F), was duurzamer dan de steen die tot dusver was gebruikt bij restauratiewerken van de sculpturen. Tientallen beeldhouwers zijn bij dit beeldenproject betrokken geweest.

Anomalieën en anachronismen

Naar aanleiding van het bezoek van het kroonprinselijk echtpaar Albert en Elisabeth aan Leuven op zondag 8 mei 1904 – getuige de gedenksteen in de hoektoren Grote Markt/Naamsestraat –, moesten al de nissen, koste wat kost, gevuld zijn. Daardoor, maar ook door de laatste restauratie, ontstonden chronologische en dynastieke anomalieën en kregen verschillende figuren een ongewone plaats toegewezen.

Hoewel aanvankelijk voorzien, ontbreken in de westgevel Willem I, koning der Nederlanden, en Leopold I, de eerste koning der Belgen.

De 16de-eeuwse schilder Jan van Rillaer *de Oudere* (D38) en Guy Morillon (D39), secretaris van Karel V (D27), werden de 'politieke nakomelingen' van de laatste Rooms-Duitse keizer Frans II (D37). Napoleon (D41) werd de 'opvolger' van Leopold II (D40), van 1865 tot 1909 de tweede koning der Belgen.

Fiere Margriet (C39), de Leuvense volksheilige uit de 13de eeuw, wordt geflankeerd rechts door Sint-Albertus van Leuven (C38) die in 1192 in Reims werd vermoord, links door Arnulf van Karinthië (C40) die in 891 de Noormannen in Leuven had verslagen. Deze laatste kreeg als buur de 16de-eeuwse anatoom Andreas Vesalius (C41).

Bij de laatste restauratie werd de volgorde van de Leuvense graven verstoord: Hendrik I (D9), die normaliter zijn vader Lambert I (D1) opvolgt, staat nu achter Godfried III (D8), een van zijn verre nazaten.

Kraagstenen

De kraagstenen – dit zijn de uitstekende stenen waarop de gevelbeelden rusten – werden gelijktijdig met de bouw van het stadhuis gebeeldhouwd. Daarvan zijn er 121 versierd met bijbelse taferelen (A1-41, zonder 18 en 21; C1-41; D1-41). Ze beantwoorden zowel aan het plan van de Layens als aan de functie van het gebouw *'waarin de wet centraal moest staan. Vanouds werd er recht gemaakt en recht gesproken, zij het niet ingevolge een door het volk maar door God gegeven rechtsmacht. Daarom kreeg het scenario als leidmotief voorbeelden van de door God verleende rechtsmacht mee. De bron is uiteraard de Bijbel geworden, waaruit de scènes werden opgediept die van deze macht getuigen. Het Oude Testament bevat een schat aan zonde- en strafverhalen, die met enige verbeelding kunnen dienen als typologische voorafspiegelingen van gelijkaardige gebeurtenissen in het Nieuwe Testament'* [Maesschalck-Viaene 2005; zie p. 69].

De keuze van dat bijbelse scenario werd bepaald door Jan Vander Phalisen, pastoor van de Sint-Pieterskerk en specialist inzake kerkelijk recht. De modellen of de tekeningen van de patronen ten behoeve van de beeldsnijders werden door Jacob *de tapijtwever* gemaakt. Vanaf 1450 werd het programma verder afgewerkt door Hubert Stuerbout (B9).

Vander Phalisen selecteerde heel wat taferelen uit het Oude Testament. Die werden aangevuld met scènes uit het leven van Jezus naar de vier evangelies, en met enkele verhalen uit de *Antiquitates Judaicae* of 'Joodse Oudheden' van de joods-romeinse geschiedschrijver Flavius Josephus (eerste eeuw n.Chr.). Ongetwijfeld heeft Vander Phalisen zich ook laten inspireren door populaire middeleeuwse literaire en iconografische bronnen, waaronder:

- *Historia scholastica* van de Franse theoloog Petrus Comestor († 1179);

- *Speculum humanae salvationis* of 'Spiegel der menselijker behoudenisse', toegeschreven aan de Duitse kartuizer Ludolphus van Saxen († 1377);
- *Biblia pauperum* of 'Armenbijbel' (14de eeuw).

Comestor had een parafrase gemaakt op de Bijbel en had die, ten behoeve van het onderwijs, van een commentaar voorzien en met historische en geografische informatie aangevuld. Een van zijn belangrijkste bronnen was het bovenvermelde werk van Flavius Josephus. In het *Speculum* en de *Biblia pauperum* – heuse stripverhalen – staan centraal episodes uit het leven van Jezus afgebeeld. Zij worden geflankeerd door afbeeldingen uit het Oude Testament die er typologisch mee verwant zijn. Zo bijvoorbeeld wordt in de *Biblia pauperum* de doodsangst van Jezus in de Hof van Getsemane in verband gebracht met de *Val van Lucifer* (A2) evenals met de vijf domme maagden uit de *Parabel van de Tien Maagden* (D28-32); Zijn bespotting met de naaktheid van *Noach* (A10) evenals met de bespotting door kinderen van de profeet *Elisa* (D21); Zijn kruisiging met de *Bronzen slang* (D13); Zijn graflegging en verrijzenis met de profeet *Jona* (C2) die door een grote vis werd opgeslokt en drie dagen later werd uitgespuwd. Het verhaal van de *Opstandige engelen* (A1-2) staat niet expliciet in de Bijbel, maar vindt men onder meer terug in het *Speculum*.

Op die 121 kraagstenen staan minstens 35 verschillende taferelen uit het Oude Testament en een tiental uit het Nieuwe Testament. De meeste misdaad-en-strafscènes uit het Oude Testament zijn over twee opeenvolgende kraagstenen voorgesteld met de 'zonde' aan de linkerkant en de 'goddelijke straf' aan de rechterkant. In de drie versierde hoektorens worden zeven verhalen over telkens vijf kraagstenen uitgebeeld:

- in de linkertoren bovenaan *De opwekking van Lazarus* (D5-9), in het midden de *Parabel van Lazarus en de rijke man* (C5-9), onderaan *Kaïn en Abel* (A5-9);

- in de rechtertoren bovenaan de *Parabel van de Tien Maagden* (D28-36), in hetmidden *Vijf episodes uit het leven van Herodes de Grote* naar Flavius Josephus (C28-32);
- in de toren aan de Naamsestraat bovenaan *Jezus en de Samaritaanse vrouw* (D37-41), in het midden *Vijf episodes uit het leven van Daniël in Babylonië* (C37-41). Onderaan, over de hele lengte van de westgevel, staat, in tien kraagstenen (A32-41), het 'leven' van koning Salomo.

Het bijbelse verhaal start aan de oostkant met onderaan links de *Opstandige engelen* (A1-2) en besluit aan de westkant met bovenaan rechts *Jezus en de Samaritaanse vrouw* (D37-41). Daartussen circuleren taferelen waarin de God van Israël zijn volk berispt, bestraft en vergeving schenkt; twee voorbeelden uit de strenge sabbatwetgeving (C12-13; D16-17); enkele scènes uit het leven van Jezus met uitspraken (C34; D22-27), parabels (C5-9; D28-32, 35-36), genezingen en mirakels (D22-23, 33-34) en een opwekking (D5-9).

Bij de laatste restauratie werden 33 kraagstenen volledig herkapt. Nadien werden er enkele van plaats verwisseld. Aangezien van het initiële kraagstenenprogramma geen plan bestaat, hebben de steenkappers vaak vanuit hun eigen fantasie gewerkt. Daardoor veranderden oorspronkelijke taferelen van uiterlijk, zodanig dat de juiste bijbelse verbanden tussen een aantal kraagstenen onderling nog moeilijk te achterhalen zijn.

Alles bij mekaar staan in de voorgevel 54 versierde kraagstenen, in de twee zijgevels 24, in de drie versierde torens 43. De twee beeldjes (A18 en 21) boven de toegangsdeuren, de 26 beelden van niveau B evenals de 87 torenbeelden van de niveaus E, F en G rusten elk op een eenvoudige kraagsteen zonder bijbelse voorstelling.

Torenbeelden

De zes achthoekige torenspitsen – drie op elke zijgevel en onderling verbonden door een steile trap – bevatten 88 nissen, waarvan 87 gevuld. Van de torenbeelden bestaat geen concreet plan: de namen van de figuren en de torens waarin ze moesten komen zijn wel bekend, maar wie precies in welke nis moest staan, wordt nergens vermeld (plan p. 352-353).

De vier hoektorens hebben boven de borstwering twee niveaus (E, F), met aan de oostkant 35 beelden en aan de westkant 36; in de twee middentorens (niveau G) staan er samen zestien. Het beeldenplan, grotendeels tussen 1875 en 1903 gerealiseerd, voorzag aanvankelijk 84 figuren:

- in de nissen van niveau E moesten tien oud-testamentische wetgevers en rechters (**Mozes**, Jozua, Otniël, **Gideon**, **Aäron**, Saul, Jefta, **Simson**, Eli en Samuël) komen samen met de vier grote profeten (**Jesaja**, **Jeremia**, **Ezechiël** en **Daniël**), de twaalf kleine profeten (Hosea, Joël, Amos, Obadja, **Jona**, Micha, Nahum, Habakuk, **Sefanja**, Haggai, Zacharia en Maleachi) en de eerste veertien leden uit de stamboom van Jezus volgens het evangelie van Mattheüs (1,6-16), beginnende met **Isaïe**/Jesse, **David** en **Salomo** en gevolgd door Rechabeam, Abia, Asa, Josafat, Joram, **Uzzia**, **Jotam**, Achaz, Hizkia, Manasse en **Amon**, allemaal koningen van Juda;
- in de nissen van niveau F werd de genealogie verder gezet met Josia, Jechonja, Sealtiël, Zerubbabel, Abiud, Eljakim, Azor, Sadok, Achim, Eliud, Eleazar, Mattan, Jacob, **Jozef**, **Jezus** en ook **Maria**. Daarop volgden, zonder Simon de Zeloot, de apostelen: **Petrus**, **Paulus**, **Johannes**, **Andreas**, **Jacobus de Meerdere**, **Philippus**, **Bartholomeus**, **Mattheüs**, Judas Thaddeus, **Jacobus de Mindere**, Thomas, Matthias. Vandaag staan ze allemaal, samen met Paulus (E19), opgesteld aan de westkant (E 18, 20-22, 25-27; F 29-32, 35). Tijdens de tweede restauratie kregen zij het gezelschap van de 16de-eeuwse architect Alard Duhamel (E23) en de 14de-eeuwse Leuvense muntmeester Nicolas Chavre (E24);

C26-27

- in de nissen van niveau G moesten voorstellingen komen van de drie goddelijke deugden (geloof, hoop en **liefde**), de vier kardinale deugden (rechtvaardigheid, **voorzichtigheid**, matigheid en sterkte, met toevoeging van geduld) en de zeven ondeugden (hoogmoed, afgunst, luiheid, gulzigheid, onkuisheid, toorn en gierigheid, met toevoeging van afgoderij). Of al die voorstellingen er effectief zijn gekomen, blijft een open vraag.

Tijdens de laatste restauratie werden alle torenbeelden uit hun oorspronkelijke nissen gehaald om gerestaureerd te worden: 34 figuren werden volledig herkapt. Bij de herplaatsing kwamen heel wat beelden verkeerdelijk in een andere nis terecht, met identificatieproblemen tot gevolg. Aan de hand van inscripties en attributen – koningen dragen meestal een kroon en een scepter, profeten een schriftrol, enkele apostelen een boek – werden 37 figuren geïdentificeerd, waaronder de hierboven vetgedrukte namen.

D21

Who's Who?

Les statues des façades de l'Hôtel de ville de Leuven

La première moitié du XVe siècle marqua pour la ville de Leuven (Louvain) un tournant de son histoire. Au début de ce siècle, on entama la construction de l'actuelle église Saint-Pierre qui remplaça l'église romane du XIe siècle. Le 9 décembre 1425 le pape Martin V promulgua une bulle autorisant la fondation à Leuven d'un *studium generale* pour l'enseignement du droit canon, le droit civil, la médecine et les arts (les cours de logique, de physique et de métaphysique). Eugène IV, son successeur, y ajouta en 1432 une faculté de théologie.

Dès 1433 la *Plaetse*, la Grand'Place (Grote Markt) actuelle, connut une transformation remarquable. Par la profanation du cimetière du côté sud de l'église Saint-Pierre et la démolition de plusieurs maisons au côté opposé, on obtint un grand espace. En face de l'église en construction, un nouvel hôtel de ville fut prévu. Ce *nuwe huys* (nouvelle maison) devait l'emporter en beauté sur celui de Bruxelles avec son immense beffroi.

Les deux cités rivalisaient en effet de longue date. Dès le XIIIe siècle, les ducs de Brabant établirent, pour des raisons politiques et économiques, leur résidence à Bruxelles, malgré les grands efforts financiers consentis par la ville en vue de garder les ducs à Leuven. Si Bruxelles s'arrogeait le titre de *Ville princière*, Leuven voulut demeurer la *Meilleure ville* du Brabant. Titre ensuite pratiquement tombé en désuétude jusqu'au moment où, le premier janvier 1995, elle devint le chef-lieu de la nouvelle Province du Brabant flamand.

La construction de l'hôtel de ville

La première phase (1439-1445) du *nuwe huys* vit la construction de l'aile postérieure et, dans la cour intérieure ou *Vrijthof*, de trois chambres pour clercs qui accéderont ultérieurement à la grande salle du rez-de-chaussée. Sulpice van Vorst en conçut le plan, mais décéda en septembre 1439. Son successeur, l'architecte malinois Jean II Keldermans, paracheva l'aile postérieure, les trois chambres des clercs ainsi que la tour d'angle sud-est non-décorée. Il mourut fin 1445.

La seconde phase (1448-1469) fut confiée à l'hennuyer Mathieu de Layens († 1483) qui réalisa l'aile avant ou *Voirste huys* à la façade élégante du côté de la Grote Markt et la *Conserverije* (1461), ou la maison du concierge, dans la Naamsestraat. Originairement, il s'en tint au plan de Sulpice van Vorst. Mais lorsque les parois de la salle du rez-de-chaussée, dite salle des pas perdus, furent pratiquement terminées, le beffroi, prévu à l'angle de la Naamsestraat, fut rayé des plans. Ceci amena une série d'adaptations que de Layens résolut habilement:

- le bâtiment fut rehaussé;
- la façade ouest devint une réplique de la façade est;
- les scènes bibliques des corbeaux dans la façade ouest furent adaptées;
- les pignons des façades latérales furent dotés d'une tourelle semblable à celles des quatre tours d'angle;
- l'entrée prévue à l'origine dans le portail du beffroi, fut placée dans la façade antérieure, flanquée d'un perron.

La pose de la première pierre eut lieu le jeudi 28 mars 1448; l'édifice fut terminé, avec les corbeaux, en 1469. Les niches restèrent vides jusqu'au milieu du XIXe siècle.

Au cours des siècles, l'hôtel de ville connut des adaptations et des extensions. Il constitue à l'heure actuelle un grand complexe entre la Gote Markt et la Naamsestraat avec la *Conserverije* et la *Dekenij* (la maison des doyens de la draperie), la Muntstraat avec une nouvelle aile qui date de 1938 (depuis juin 2012 'R Radiohuis Leuven'), et le bureau de police qui forme le coin de la Boekhandelstraat avec la Grote Markt. Durant plus de 540 années, c'est dans l'hôtel de ville que battit tout d'abord le cœur judiciaire, ensuite plutôt le cœur politique et administratif de la ville. Le 2 décembre 2008, ce cœur fut transplanté au nouveau *Stadskantoor* près de la gare.

Les transformations et les restaurations

Dès le début du XVIIe siècle, les tourelles furent renforcées par des barres en fer pour prévenir les éboulements. En 1680, dans la Naamsestraat, l'on ajouta la *Dekenij* qui donna accès au *Vrijthof*. En 1709, en vue de préserver la symmétrie, l'on remplaça une fenêtre inférieure de la façade par une seconde porte d'accès. Le petit perron fut remplacé par l'escalier monumental actuel. A gauche, un escalier mène aux caves médiévales – les *raadskelders* – utilisées actuellement pour des réunions et des réceptions. Au milieu du XVIIIe siècle, les joints de façade furent renouvelés. Afin de prévenir l'érosion des nombreuses sculptures, façonnées en pierre calcaire sablonneuse d'Avesnes-le-Sec (F), les façades furent, à plusieurs reprises, enduites d'huile de lin.

Trois restaurations importantes dirigées par les architectes de la ville Dominique Everaerts (1828-1841), Eugène Frische (1895-1914) et Jean Maloens (1972-1982), ont donné à l'édifice son aspect actuel. Aujourd'hui, au total l'on peut voir 236 statues, réparties sur sept niveaux. Au lieu de reprendre la numérotation ancienne, nous adopterons ici, pour des raisons pratiques, un nouveau système. Chaque niveau – de bas en haut – reçoit sa lettre propre, sa couleur et une numérotation de gauche à droite (plan p. 76-77).

Les statues des façades

Les niveaux A, B, C, D comptent 149 statues, dont 133 hommes et 16 femmes. Vu que les crochets en fer forgé dans les niches, servant à fixer les statues avaient été prévus dès l'origine, l'on doit avoir conçu un programme de figures, dès le XVe siècle, qui ne fut toutefois réalisé qu'après 1849.

C12

En septembre 1841, Léopold Ier confirma l'accord d'une subvention de l'état de 3000 francs *'afin d'aider notre administration à couvrir les frais à résulter de l'exécution des statues nécessaires pour garnir la façade de l'hôtel de ville.'* La ville put difficilement ignorer ce geste royal. Pourtant un plan des figures ne fut approuvé par le conseil communal que six ans plus tard. En avril 1849, un concours fut organisé. Seuls des sculpteurs louvanistes pouvaient s'inscrire. A titre d'essai, dix-huit figures furent placées dans les niches inférieures de la façade antérieure. Cette série (A10-29, sans 18 et 21) fut prête en 1854.

Entretemps, l'écrivain français Victor Hugo, rendant visite à Leuven en février 1852, s'éprit du monument et écrivit au bourgmestre: *'Meublez les niches. Un édifice communal ou religieux dont les niches statuaires sont vides, est un livre dont les pages sont blanches. Mettre une statue, c'est tracer une lettre. C'est avec ces lettres-là que l'histoire s'écrit.'*

En 1858, suivirent dix-huit nouvelles statues (B5-22).

En 1859, l'élaboration ultérieure du projet fut confiée à Edward Van Even, archiviste de la ville, et à Charles Piot, archiviste du royaume à Bruxelles. Tous deux, auteurs d'excellentes études sur l'histoire de Leuven, assemblèrent pas mal de données se rapportant aux personnages à illustrer. En 1881, toutes les niches des façades étaient remplies, comme le projet de 1849 l'avait prévu *'des personnages ayant illustré Louvain, en rappelant en même temps les principales institutions de la commune dans les siècles passés.'*

Who's Who?

- Les deux rangées inférieures (A1-41; B1-26) comptent 67 personnages dont 65 se sont illustrés depuis le Moyen Âge jusqu'au début du XIXe siècle dans les milieux religieux, politiques, scientifiques, sociaux et artistiques de Leuven. L'Université est représentée par 25 professeurs.

- La rangée centrale (C1-41) contient 41 figures dont les patrons des églises paroissiales de Saint-Michel, de Saint-Quentin, de Saint-Jacques et de Sainte-Gertrude (C1-4); Saint-Pierre (A18) se trouve au-dessus de la porte d'accès gauche; les patrons des cinq chambres de rhétorique (C5-9); les titulaires des fonctions officielles durant l'Ancien Régime (C10-16); les ancêtres des sept familles patriciennes de Leuven (C17-23); les patrons des quatre corporations des arquebusiers (C24-27) et des dix métiers (C28-37).
- La rangée supérieure (D1-41) présente 41 statues dont 39 souverains, parmi cinq femmes, ayant régné sur le comté de Leuven, le duché de Brabant et ensuite les Pays-Bas méridionaux. Lambert Ier (D1), le premier comte de Leuven, ouvre la série dans la façade est; Napoléon (D41), qui ne portait pas le titre de duc de Brabant, termine en dernier la façade ouest.

Les sculpteurs

Seuls des sculpteurs natifs de ou habitant Leuven étaient susceptibles de recevoir des commandes. La procédure était très sévère. Les figures devaient s'accorder avec le style du monument et leurs vêtements devaient correspondre à la période dans laquelle ils avaient vécu. L'exécution avait lieu sous la direction d'un jury nommé par l'administration communale. L'artiste, qui désirait obtenir une commande, avait l'obligation de commencer par exécuter une maquette (à l'échelle 1/3) en terre glaise ou en plâtre. Elle fut placée dans une petite niche en bois et examinée par le jury, en présence de l'artiste. Après avoir entendu les observations du jury, ce dernier était autorisé à exécuter le modèle en plâtre, de grandeur voulue. Ce modèle était placé dans la niche à laquelle la statue était destinée. Ce fut seulement après cette derniere épreuve qu'il était autorisé à exécuter son œuvre en pierre, provenant de Rochefort (B) ou de Reffroy (F). Elle était plus durable que la pierre utilisée jusqu'alors pour la restauration des sculptures. Des dizaines de sculpteurs ont été engagés.

Anomalies et anachronismes

A l'occasion de la visite à Leuven du couple princier Albert et Elisabeth, le dimanche 8 mai 1904 – comme en témoigne la pierre commémorative dans la tour d'angle Grote Markt/Naamsestraat – toutes les niches devaient, coûte que coûte, être remplies. Cette obligation est à l'origine de plusieurs anomalies chronologiques et dynastiques et de l'attribution bizarre de places à certains personnages, dues également à la dernière restauration.

Ainsi dans la façade ouest, quoique prévus, Guillaume Ier, le roi des Pays-Bas, et Léopold Ier, le premier roi des Belges, manquent.

Le peintre de la ville du XVIe siècle Jean Van Rillaer *l'Ancien* (D38) et Guy Morillon (D39), le secrétaire de Charles-Quint (D27), devinrent les 'successeurs' de François II (D37), le dernier empereur romain germanique. Napoléon (D41) est présenté comme 'successeur' de Léopold II (D40), le second roi des Belges de 1865 à 1909.

Marguerite la Fière (C39), la sainte populaire de Leuven du XIIIe siècle, est flanquée à sa droite de Saint-Albert de Leuven (C38) qui fut assassiné à Reims en 1192, à sa gauche d'Arnoul de Carinthie (C40) le vainqueur des Normands en 891 à Leuven. A son tour, il est suivi d'André Vésale (C41), l'illustre anatomiste du XVIe siècle.

Lors de la dernière restauration, l'ordre de succession des comtes de Leuven fut perturbé: Henri Ier (D9), qui succède normalement à son père Lambert Ier (D1), vient après Godefroid III (D8), un de ses lointains descendants.

Les corbeaux

Les corbeaux – c'est dire les pierres servant de socle et supportant les statues des façades – furent placés simultanément avec l'hôtel de ville. 121 corbeaux représentent des scènes bibliques (A1-41, sans 18 et 21; C1-41; D1-41) qui correspondent au plan de Mathieu de Layens, traduisant la fonction de l'édifice où la loi devait avoir une place prépondérante. De longue date, la justice y était rendue,

selon une juridiction non issue du peuple mais d'origine divine. C'est pourquoi, les scènes sont imprégnées essentiellement d'exemples d'une juridiction issue du droit divin. L'origine en est bien sûr la Bible, d'où sont issues les scènes attestant ce pouvoir. L' Ancien Testament contient une multitude de récits relatifs au péché et au châtiment qui, à la lueur de quelque imagination, peuvent préfigurer des événements similaires du Nouveau Testament (voir p. 69).

Le choix de ce scénario biblique fut déterminé par Jean Vander Phalisen, curé de Saint-Pierre et spécialiste en droit canon. Les modèles ou les dessins des épures à l'usage des imagiers furent réalisés par Jacques *le tapissier.* A partir de 1450, le programme fut parachevé par Hubert Stuerbout (B9).

Vander Phalisen sélectionna plusieurs scènes de l'Ancien Testament. Elles furent complétées par des scènes de la vie de Jésus selon les quatre évangiles, et de quelques récits tirés des *Antiquitates Judaicae* ou 'Antiquités judaïques' de l'historien judéo-romain Flavius Josephus (premier siècle après J.-C.). Indubitablement, Vander Phalisen s'est laissé inspirer aussi par des sources populaires, littéraires et iconographiques du Moyen Âge, dont:

- *Historia scholastica* ou 'L'Histoire scholastique' du théologien français Pierre Comestor († 1179);
- *Speculum humanae salvationis* ou 'Le Miroir de l'humaine salvation', attribué à Ludolphe de Saxe († 1377), chartreux allemand;
- *Biblia pauperum* ou la 'Bible des pauvres' (XIVe siècle).

Comestor avait paraphrasé la Bible et l'avait, à des fins d'enseignement, commentée et pourvue d'informations historiques et géographiques. Une de ses sources principales était l'œuvre précitée de Flavius Josephus. Le *Miroir* ainsi que la *Bible des pauvres* – des bandes dessinées avant la lettre – représentent au centre des épisodes de la vie de Jésus. Elles sont flanquées par des images de l'Ancien Testament qui possèdent une parenté typologique. Ainsi, par exemple, l'angoisse de Jésus au jardin de Gethsémani est rattachée, selon la *Bible des pauvres*, à la *Chute de Lucifer* (A2) et aux cinq vierges folles de la *Parabole des Dix Vierges* (D28-32); Sa dérision à la nudité de *Noé* (A10) ainsi qu'à la dérision par des enfants du prophète *Élisée* (D21); Sa crucifixion au *Serpent d'airain* (D13); Sa mise au tombeau et Sa résurrection à *Jonas* (C2), avalé par un gros poisson qui le vomit trois jours après. L'histoire des *Anges rebelles* (A1-2), non mentionnée dans la Bible, est représentée entr'autre dans le *Miroir*.

Sur ces 121 corbeaux, on trouve au moins 35 tableaux différents de l'Ancien Testament et une dizaine du Nouveau Testament. En général, les scènes de l'Ancien Testament sont réparties sur deux corbeaux et se poursuivent côte à côte: le 'crime' sur la gauche et le 'châtiment divin' sur la droite. Dans les trois tours décorées, on remarque sept récits recouvrant chacun cinq corbeaux:

- en haut de la tour gauche *La résurrection de Lazare* (D5-9), au milieu la *Parabole du mauvais riche et le pauvre Lazare* (C5-9), en bas *Caïn et Abel* (A5-9);
- en haut de la tour droite la *Parabole des Dix Vierges* (D28-36), au milieu *Cinq épisodes de la vie d'Hérode le Grand* d'après Flavius Josephus (C28-32);
- en haut de la tour située dans la Naamsestraat *Jésus et la femme Samaritaine* (D37-41), au milieu *Cinq épisodes de la vie de Daniel à Babylone* (C37-41). En bas, sur toute l'étendue de la façade ouest, se trouve, réparti sur dix corbeaux, le 'récit de la vie' du roi Salomon (A32-41)

L' histoire biblique commence à la façade est avec à gauche en bas les *Anges rebelles* (A1-2) et aboutit à la façade ouest avec en haut à droite *Jésus et la femme Samaritaine* (D37-41). Entre ces deux tableaux circulent des scènes dans lesquelles le Dieu d'Israël réprimande son peuple, le punit et lui pardonne; deux exemples de l'application stricte de la loi du sabbat (C12-13; D16-

A13

17); quelques épisodes de la vie de Jésus avec des sentences (C34; D22-27), des paraboles (C5-9; D28-32, 35-36), des guérisons et des miracles (D22-23, 33-34) et une résurrection (D5-9).

Pendant la dernière restauration 33 corbeaux furent complètement renouvelés. Quelques-uns ont été intervertis. Vu qu'un plan du programme initial des corbeaux fait défaut, les tailleurs de pierre ont agi selon leur inspiration. Ainsi plusieurs scènes originales ont changé d'apparence, si bien que les relations bibliques exactes entre les différents corbeaux sont difficiles à établir.

Au total, la façade antérieure compte 54 corbeaux ornés, les façades latérales 24, les trois tours ornées 43. Les deux statuettes (A18 et 21) au-dessus des portes d'accès, les 26 statues du niveau B, ainsi que les 87 statues des niveaux E, F et G reposent sur des corbeaux sans aucune représentation biblique.

Les statues des tourelles

Les six tourelles octogonales – trois à chaque façade latérale, reliées entre elles par un escalier escarpé – comptent 88 niches, dont 87 sont remplies. Il n'existe aucun plan concret de l'emplacement des statues. Les noms des figures sont connus et même la tourelle qui devait les abriter, mais nulle part n'est consigné la niche exacte (plan p. 352-353).

Les quatre tours d'angle ont au-dessus de la balustrade deux niveaux (E, F): le côté est comprend 35 statues, le côté ouest 36; les deux tourelles centrales (niveau G) comprennent ensemble seize statues. Le plan général, en grande partie réalisé entre 1875 et 1903, prévoyait à l'origine 84 statues:

- dans les niches du niveau E se trouveraient dix législateurs et juges de l'Ancien Testament (**Moïse**, Josué, Othniel, **Gédéon**, **Aaron**, Saul, Jephté, **Samson**, Héli et Samuel), les quatre grands prophètes (**Isaïe**, **Jérémie**, **Ézéchiel** et **Daniel**), les douze petits prophètes (Osée, Joël, Amos, Abdias, **Jonas**, Michée, Nahum, Habacuc, **Sophonie**, Aggée, Zacharie et Malachie), et les quatorze premiers membres de l'arbre généalogique de Jésus selon l'évangile de Matthieu (1, 6-16), commençant par **Jessé**, **David** et **Salomon**, et suivis par Roboam, Abias, Asa, Josaphat, Joram, **Ozias**, **Joatham**, Achaz, Ézéchiaz, Manassé et **Amon**, tous rois de Juda;

- dans les niches du niveau F la généalogie fut complétée par Jéchonias, Salathiel, Zorobabel, Abiud, Eliakim, Azor, Sadoc, Achim, Eliud, Eléazar, Mathan, Jacob, **Joseph**, **Jésus** ainsi que **Marie**. Suivirent les apôtres, sans Simon le Zélote: **Pierre**, **Paul**, **Jean**, **André**, **Jacques le Majeur**, **Philippe**, **Barthélemy**, **Matthieu**, Jude Thaddée, **Jacques le Mineur**, Thomas et Matthias. Actuellement tous les apôtres, avec Saint-Paul (E19), se trouvent au côté ouest (E18, 20-22, 25-27; F29-32, 35). Pendant la seconde restauration ils reçurent la compagnie d'Alart Duhamel (E23), architecte du XVIe siècle, et de Nicolas Chavre (E24), maître monnayeur à Leuven au XIVe siècle;
- dans les niches du niveau G figureraient les trois vertus théologales (la foi, l'espérance, la **charité**), les quatre vertus cardinales (la justice, **la prudence**, la tempérance, la force, complétées par la patience), et les sept vices (l'orgueil, l'envie, la paresse, la gourmandise, la luxure, la colère, l'avarice, complétées par l'idolâtrie). Mais quant à savoir si ces statues y ont été toutes placées effectivement, reste sans réponse.

Au cours de la dernière restauration, toutes les statues des tourelles ont été enlevées pour être restaurées: 34 statues furent renouvelées. Par la suite elles furent replacées, plusieurs dans une niche erronée, ce qui a provoqué des problèmes d'identification. A l'aide d'attributs et d'inscriptions – les rois portent généralement une couronne et un sceptre, les prophètes un rouleau, quelques apôtres un livre – l'on a pu identifier 37 personnages, dont les noms ci-dessus sont en caractères gras.

C23

Who's Who?

The statues on the façades of the Leuven Town Hall

The first half of the 15th century marked a turning point in the history of the city of Leuven (Louvain). At the beginning of the century, construction began on the Gothic St. Peter's Church, which was to replace an 11th century Romanesque church. Then, on 9 December 1425, Pope Martin V issued a bull permitting the founding of a *studium generale* in Leuven for the study of canon law, civil law, medicine and arts (with courses in logic, physics and metaphysics). His successor, Eugene IV, added a theology faculty in 1432.

From 1433 onwards, the main square (Grote Markt) or *Plaetse* underwent major changes. The cemetery on the south side of St. Peter's was cleared and a number of houses were demolished, resulting in a large square. Plans were made for a *'nuwe huys'* or new Town Hall, to be built across from the church, which had to be more beautiful than the one in Brussels with its impressive belfry.

Indeed, there was a bitter rivalry between the two cities dating back to the 13th century when the Dukes of Brabant, for political and economic reasons, shifted their residence from Leuven to Brussels, despite significant financial inducements by the municipal authorities to keep them in Leuven. Still, if Brussels could boast of the title of 'Princely City', Leuven would remain the 'Best City' of Brabant, although the title meant little until 1 January 1995 when Leuven became the capital of the newly created province of Flemish Brabant.

The Construction of the Town Hall

The first phase (1439-1445) saw the construction of the rear wing of the *nuwe huys*, along with three clerks' chambers in the inner courtyard or *Vrijthof*, which would eventually open out onto the front hall. Sulpitius van Vorst drew up the plans, but he died in September 1439. His successor, the Mechelen architect John Keldermans II, completed the rear wing, the clerks' chambers and the unadorned southeastern corner tower. He died at the end of 1445.

The second phase (1448-1469) was supervised by Matthew de Layens († 1483), a native of Hainaut. He built the *Voirste huys* (front house) with the splendidly decorated façade facing the Grote Markt, and also the *Conserverije* (1461), the caretaker's house on Naamsestraat. At first he followed Sulpitius' plan, but when the walls of the front hall were almost finished, the belfry intended for the corner of Naamsestraat was deleted from the plan. This resulted in some major problems of adaptation, but these were skilfully resolved by de Layens:

- the building was raised;
- the western façade was made into a replica of the eastern façade;
- the biblical scenes on the corbels on the western façade were adapted;
- each gable on the side façades was crowned with a turret similar to the turrets on the four corner towers;
- the entrance, originally planned for the portal of the belfry, was moved to the centre of the front façade, and a small flight of steps was added.

On Thursday 28 March 1448, the foundation stone was laid. The building together with the corbels was completed in 1469. The niches would remain empty until the mid-19th century.

Over the following centuries, the Town Hall was adapted and expanded. Nowadays, it is a large complex situated between the Grote Markt, Naamsestraat (with the *Conserverije* and the *Weavers' Deanery*), Muntstraat (with an extension dating from 1938, which since June 2012 has been home to the studios of the

'R Radiohuis Leuven'), and the police station at the corner of Boekhandelstraat and the Grote Markt. For more than 540 years, the Town Hall was first the judicial, and later the political and administrative heart of the town, until 2 December 2008 when this 'heart' was transplanted to the new municipal office, the *Stadskantoor*, next to the train station.

Renovations and Restorations

At the beginning of the 17th century, the towers were reinforced with iron rods to prevent collapse. In 1680 the *Dekenij* (Deanery) on Naamsestraat was added, which provided an entrance to the *Vrijthof*. In 1709, for the sake of symmetry, a lower window in the front façade was replaced by a second entrance door. The small flight of steps in front was replaced by the present grander steps. On the left-hand side, a staircase leads down to the medieval cellars, or *raadskelders*, of the Town Hall, which are now used for meetings and receptions. In the mid-18th century, the façades were repointed. The façades were treated several times with linseed oil in order to prevent the erosion of the many fine sculptures, which are made of soft white sandstone from Avesnes-le-Sec (F).

Three major restorations directed by the town architects, Dominique Everaerts (1828-1841), Eugène Frische (1895-1914) and Jean Maloens (1972-1982), have given the building its present appearance. Today, 236 statues are visible and are distributed over seven levels. Rather than using the original numbering system for the statues, we have here adopted a new system for practical reasons. Beginning from the bottom and moving upwards, each level has been given a separate letter, a colour, and a left-to-right numbering system (plan p. 76-77).

The Façade Statues

There are 149 statues distributed over levels A, B, C and D; of these, 133 are of men and 16 of women. Since the cast iron hooks to fix them in place had already been installed in the niches from the beginning, the 15th century builders must already have planned to erect statues, although the plan was not carried out until after 1849.

When in September 1841, Leopold I approved a subsidy of 3,000 francs to help finance the production of the statues, the municipal authorities could hardly ignore the royal gesture. However, it would be six years before the Town Council would approve the plan for the statues. In April 1849 a competition was announced, with applications strictly restricted to Leuven sculptors only. As a test, eighteen statues were placed in the lower niches of the front façade. The first series (A10-29, excluding 18, 21) was completed in 1854.

Then in February 1852, the French writer Victor Hugo, enchanted by the Town Hall during a visit to Leuven, wrote to the mayor: 'Please furnish those niches. A municipal or religious building with empty statue niches is like a book with blank pages. Erecting a statue is like writing a letter. And it's with such letters that history is written'.

The next series of eighteen statues (B5-22) followed in 1858.

In 1859 the continuation of the project was placed in the hands of the town archivist, Edward Van Even, and the state archivist in Brussels, Charles Piot. Both had written excellent treatises on the history of Leuven and collected a lot of material on the figures to be represented. By 1881 all the niches were filled with statues which, as envisaged in the 1849 plan, represented 'people who have brought distinction to Leuven while at the same time recalling the town's most important institutions in past centuries'.

Who's Who?

- The two lower rows (A1-41; B1-26) feature 67 persons: 65 of these represent people who lived between the Middle Ages and the beginning of the 19th century and were successful in the religious, political, scientific, social and artistic spheres in Leuven. The University is represented by 25 professors.

- The middle row (C1-41) comprises 41 statues: the patron saints of the parish churches, St. Michael, St. Quentin, St. James the Great and St. Gertrude (C1-4), with St. Peter (A18) above the left entrance door; the patron saints of the five chambers of rhetoric (C5-9); office-holders of the Ancien Régime (C10-16); the ancestors of the seven patrician families of Leuven (C17-23); the patron saints of the four archers' guilds (C24-27) and of the ten crafts (C28-37).
- The upper row (D1-41) presents 41 figures, including 39 sovereigns, five of them women, who reigned in the County of Leuven, in the Duchy of Brabant, and in the Southern Netherlands. Lambert I (D1), the first Count of Leuven, opens the series on the upper left of the eastern façade; Napoleon (D41), though by no means a Duke of Brabant, concludes the series on the upper right of the western façade.

Sculptors

Only sculptors born or resident in Leuven were eligible to apply for an assignment. The procedure was very strict. The figures had to harmonize with the style of the building and their clothing had to be in keeping with the period in which they had lived. Designs were executed under the supervision of a jury appointed by the municipal authorities. A sculptor seeking a commission first had to submit a clay or plaster model (on a 1/3 scale), which was placed in a small wooden niche and evaluated by the jury in the presence of the artist. Following criticisms and suggestions, the sculptor could then make a full-scale plaster model, which was then placed in a façade niche. If approved, this model was cut in stone from Rochefort (B) or Reffroy (F), which was more hard-wearing than that used till then in the restoration of the sculptures. Dozens of sculptors were involved in the statue project over the years.

Anomalies and Anachronisms

On the occasion of the visit of Crown Prince Albert and his wife, Elisabeth, to Leuven on Sunday 8 May 1904 – see the commemorative stone in the tower at the corner of the Grote Markt and Naamsestraat – the niches had to be filled at all cost. This pressure, as well as the last restoration resulted in anomalies and anachronisms and various figures being given an unusual position.

Although they were included in the original plan, there is no trace on the western façade of the Dutch King William I, nor of the first king of the Belgians, Leopold I.

The 16th century painter, Jan van Rillaer *the Elder* (D38) and Guy Morillon (D39), secretary of Charles V (D27), follow Francis II, the last Holy Roman Emperor (D37). Napoleon (D41) 'succeeds' Leopold II (D40), the second king of the Belgians from 1865 to 1909.

Proud Margaret (C39), the popular 13th century Leuven saint, is flanked on her right by St. Albert of Leuven (C38), who was killed at Reims in 1192, and on her left by Arnulf of Carinthia (C40), who defeated the Vikings in Leuven in 891. He in turn is followed by the 16th century anatomist, Andreas Vesalius (C41).

During the last restoration, the order of the Leuven counts was disturbed: Henry I (D9), who normally should follow his father, Lambert I (D1), now comes after Godfrey III (D8), one of his distant descendants.

The Corbels

The corbels – the decorated protruding stones on which the façade statues rest – were carved at the same time as the Town Hall was constructed. Of these, 121 were adorned with biblical scenes (A1-41, excluding 18 and 21; C1-41; D1-41), which are in keeping with Matthew de Layens' plan and also reflect the function of the building in which the law had to play a central role. From ancient times laws had been made here and justice proclaimed by a judicial power given not by the people but by God. For this

A26

reason the leitmotif chosen for the scenes on the corbels centres on this God-given power. The source for these scenes testifying to this power is, of course, the Bible. The Old Testament contains a rich treasury of stories about guilt and punishment, which with some imagination can be taken as typological prefigurations of similar events in the New Testament (see p. 69).

The biblical scenes were chosen by John Vander Phalisen, priest of St. Peter's and a canon lawyer. The models or drawings for the sculptors were produced by Jacob *the Carpet Weaver*. From 1450 onwards, this programme was continued and brought to completion by Hubert Stuerbout (B9).

Vander Phalisen selected many scenes from the Old Testament, which were complemented with scenes of the life of Jesus from the Four Gospels, and with several stories from *Antiquitates Judaicae* or 'Jewish Antiquities', by the first-century Jewish-Roman historian, Flavius Josephus. Without doubt, Vander Phalisen was also inspired by popular medieval literary and iconographic sources, including the following:

- *Historia scholastica* (Scholastic History) by the French theologian Peter Comestor († 1179);
- *Speculum humanae salvationis* (The Mirror of Man's Salvation), attributed to the German Carthusian Ludolph of Saxony († 1377);
- *Biblia pauperum* (Paupers' Bible, 14th century).

Comestor had written a paraphrase of the Bible, supplementing it for pedagogical reasons with a commentary, along with some historical and geographical information. One of his main sources was the above-mentioned work by Flavius Josephus. In the *Mirror* and the *Paupers' Bible* – which are like modern comics – episodes from the life of Jesus are paired with typologically related scenes from the Old Testament. So, for example, in the *Paupers' Bible*, Jesus' agony in the Garden of Gethsemane is juxtaposed to the *Fall of Lucifer* (A2) and also to the five foolish virgins from the *Parable of the Ten Virgins* (D28-32); the mocking of Christ is linked to the mockery of *Noah* (A10) and also to the children's mocking of the prophet *Elisha* (D21); the Crucifixion is coupled with the *Bronze Serpent* (D13); the Burial and the Resurrection of Christ with the prophet *Jonah* (C2) who was swallowed by a big fish and regurgitated after three days. The story of the *Rebel angels* (A1-2) is not to be found in the Bible but comes from the *Mirror* and other sources.

At least 35 different scenes from the Old Testament and some ten from the New Testament are represented on the 121 corbels. Most of the scenes of crime and punishment from the Old Testament are represented on two adjacent corbels with 'sin' on the left and 'divine punishment' on the right. On the three decorated corner towers, seven stories are depicted on each of five corbels.

- On the left tower, above: *The Resurrection of Lazarus* (D5-9); in the middle: *The Parable of the Rich Man and Lazarus* (C5-9); below: *Cain and Abel* (A5-9).
- On the right tower, above: *The Parable of the Ten Virgins* (D28-36); in the middle: *Five Episodes from the Life of Herod the Great*, after Flavius Josephus (C28-32).
- On the tower on the Naamsestraat side, above: *Jesus and the Samaritan Woman* (D37-41); in the middle: *Five episodes from the life of Daniel in Babylon* (C37-41). Below, along the whole western façade, ten corbels depict the 'life' of King Solomon (A32-41).

The biblical story starts at the eastern side, on the bottom left with the *Rebel angels* (A1-2), and concludes at the western side, on the top right with *Jesus and the Samaritan woman* (D37-41). Between them are various scenes in which the God of the Israelites rebukes, punishes and pardons his people; two examples of the severe Sabbath regulations (C12-13; D16-17); several episodes from the life of Jesus: his pronouncements (C34; D22-27), parables (C5-9; D28-32, 35-36), cures and miracles (D22-23, 33-34) and a raising of the dead (D5-9).

During the last restoration 33 corbels were completely reconstructed and afterwards some corbels were moved. Since there was no plan for the initial arrangement of the corbels, and given their lack of biblical historical knowledge, the sculptors often relied on their own ideas. As a result, many of the original scenes were changed, so that the exact biblical connections between the different corbels cannot easily be established.

In all, the front façade includes 54 'biblical' corbels, the side façades 24, and the three decorated towers 43. The two small statues (A18 and 21) above the entrance, the 26 statues on level B as well as the 87 tower statues on levels E, F and G all rest on a simple corbel without any biblical representation.

The Turret Statues

The six octagonal turrets – three on each side façade, which are connected to one other by a steep staircase – have 88 niches, 87 of which have been filled. However, there isn't any exact plan for the position of the statues in the turrets; the names of the figures represented are known, as are the turrets in which the statues are meant to be placed, but there is no indication of who exactly should be placed where (plan p. 352-353).

The four corner turrets have two levels (E, F) above the balustrade, with 35 statues on the east side and 36 on the west; the two middle turrets (level G) together have sixteen statues. The original plan, which was in large measure carried out between 1875 and 1903, stipulated 84 statues:

- the niches on level E were be filled with representations of ten legislators and judges from the Old Testament (**Moses**, Joshua, Othniel, **Gideon**, **Aaron**, Saul, Jephthah, **Samson**, Eli and Samuel), the four major Prophets (**Isaiah**, **Ezekiel**, **Jeremiah** and **Daniel**), the twelve minor Prophets (Hosea, Amos, Micah, Joel, Obadiah, **Jonah**, Nahum, Habakkuk, **Zephoniah**, Haggai, Zechariah and Malachi), and the first fourteen members of Jesus' genealogy according to the Gospel of Matthew (1,6-16) starting with **Jesse**, **David** and **Solomon**, and followed by Rehoboam, Abijah, Asa, Jehoshaphat, Jehoram, **Uzziah**, **Jotham**, Ahaz, Hezekiah, Manasseh and **Amon**, all kings of Judah.

- In the niches on level F the genealogy was to be completed by representations of Josiah, Jeconiah, Shealtiel, Zerubabbel, Abijah, Eliakim, Azor, Zadoc, Achim, Eliud, Eleazar, Matthan, Jacob, **Joseph**, **Jesus** and **Mary**. The apostles, not including Simon the Zealot, followed: **Peter**, **Paul**, **John**, **Andrew**, **James the Greater**, **Philip**, **Bartholomew**, **Matthew**, Judas Thaddaeus, **James the Less**, Thomas and Matthias. Today all of them, along with St. Paul (E19), are to be found on the western side (E18, 20-22, 25-27; F29-32, 35). During the second restoration they were given the company of the 16th century architect, Alard Duhamel (E23) and the 14th century Master of the Leuven Mint, Nicolas Chavre (E24).
- In the niches on level G were to be representations of the three theological virtues (Faith, Hope and **Charity**), the four cardinal virtues (Justice, **Prudence**, Temperance and Fortitude, with Patience added), and the Seven Deadly Sins (Pride, Envy, Gluttony, Sloth, Lust, Wrath and Avarice, with Idolatry added). However, we do not know if all those representations were ever executed.

During the last restoration phase, all the statues on the turrets were taken out of their original niches in order to be restored, and 34 statues were recarved completely. Afterwards, quite a few were put back in the wrong niches, resulting in some identification problems. Nevertheless, thanks to the attributes and inscriptions – for example, the kings of Judah mostly have a crown and sceptre, prophets a scroll, apostles a book – it has been possible to identify 37 figures, including the names in bold.

BIBLIOGRAFIE / BIBLIOGRAPHIE / BIBLIOGRAPHY

- Door de uitgave van de oude bouwrekeningen weten we hoe het stadhuis werd ontworpen en opgetrokken, welke materialen er gebruikt werden, wie eraan heeft gewerkt en wat dat alles gekost heeft. Ook de verdere lotgevallen, zoals de uitwerking van het 19de-eeuwse beeldenproject en de restauratiecampagnes, werden in verschillende studies vastgelegd. We beperken ons tot enkele fundamentele publicaties waarin uiteraard de oudere literatuur ter zake wordt vermeld.

- Par la publication des anciens comptes concernant la construction de l'édifice, nous savons comment fut conçu et érigé l'hôtel de ville, quels matériaux furent utilisés, qui y a travaillé ainsi que le coût de l'ensemble. Aussi les péripéties ultérieures, telles les réalisations du projet des statues du XIXe siècle et les campagnes de restauration ont fait l'objet de plusieurs études. Nous nous limitons à quelques publications essentielles, dans lesquelles figure la bibliographie plus ancienne en la matière.

- Since the old construction accounts have been published, we know how the Town Hall was designed and built, what materials were used, who carried out the work, and how much it cost. Other topics, for example the development of the 19th century statues project and the restoration campaigns, have been as thoroughly researched. We will limit ourselves to a few seminal publications, which also refer to earlier literature on the subject.

1977 Alfonsine Maesschalck & Jos Viaene, *Het stadhuis van Leuven*. In: *Arca Lovaniensis*, 6 (1977), p. 7-255.

1982 Alfonsine Maesschalck & Jos Viaene, *De neogotische beelden van het stadhuis te Leuven, schepping van de 19de-eeuwse restauratiedrang*. In: *Monumenten en Landschappen*, 1 (1982), 4, p. 38-49.

1997 Michiel Heirman, Jan Staes & Leopold Oosterlinck, *Het stadhuis van Leuven*. Leuven-Tielt.

1998 Maurits Smeyers & Rita Van Dooren (ed.), *Het Leuvense stadhuis. Pronkjuweel van de Brabantse gotiek*. Leuven.

Maria Gilleir, Gilbert Huybens & Paul Reekmans (ed.), *Een Leuvense Bijbel in steen. De kraagstenen van het Leuvense stadhuis*. Geschied- en Oudheidkundige Kring voor Leuven en Omgeving, 37 (1998).

1999 Alfonsine Maesschalck & Jos Viaene, *Het vervoer van de natuursteen op de binnenwateren van het Scheldebekken in het midden van de 15de eeuw met het oog op de bouw van het Leuvense stadhuis*. In: *Bijdragen tot de Geschiedenis*, 82 (1999), 3-4, p. 187-213.

Alfonsine Maesschalck, Jos & Bart Viaene, *De bouw van het stadhuis te Leuven in de 15de eeuw. Een ooggetuigenverslag.* Bouwrekeningen van het stadhuis gepubliceerd op dubbel-cd SJS1 en SJS2. Leuven.

Maria Gilleir, Gilbert Huybens & Paul Reekmans (ed.), *Het Leuvens stadhuis Beeld-schoon, 1. De beelden van de gevels.* Geschied- en Oudheidkundige Kring voor Leuven en Omgeving, 38 (1999).

2000 Maria Gilleir, Gilbert Huybens & Paul Reekmans (ed.), *Het Leuvens stadhuis Beeld-schoon, 2. De beelden van de torens.* Geschied- en Oudheidkundige Kring voor Leuven en Omgeving, 39 (2000).

2005 Alfonsine Maesschalck & Jos Viaene, *Het belang van de hoed van de rechter, in een tijd waarin God hem nog verleende. Een interludium. Detailstudie over de symboliek van de eerste negen gehistoriseerde kraagstenen.* In: D. Simoens (ed.), *Sociale zekerheden in vraagvorm.* Antwerpen-Oxford, p. 569-591.

2006 Gilbert Huybens, *Tot herinnering versteend. Twee nieuwe beelden voor het Leuvense stadhuis.* Leuven.

2007 Pierre De Craan, *De restauratie van het Leuvense stadhuis.* Arca Lovaniensis, 35 (2006/2007).

REFERENTIES / RÉFÉRENCES / REFERENCES

1960 Egied Idesbald Strubbe & Leon Voet, *De chronologie van de middeleeuwen en de moderne tijden in de Nederlanden*, Antwerpen-Amsterdam [reedition: 1991].

1976 *550 jaar Universiteit Leuven*, Leuven.

1985 *The New Jerusalem Bible*, London.

1987 Allen C. Myers (ed.), *The Eerdmans Bible Dictionary*, Michigan.

1998 *La Bible de Jérusalem*, Paris.

2004 *De nieuwe Bijbelvertaling*, 's-Hertogenbosch-Leuven.

2008 Edward De Maesschalck, *De Bourgondische vorsten 1315-1530.* Leuven.

- Bijbelcitaten en biografische gegevens over vorsten, professoren van de universiteit en Oud- en Nieuwtestamentische figuren werden aan die werken ontleend.

- Les passages bibliques cités ainsi que l'information biographique concernant les souverains, les professeurs de l'université et les personnages de l'Ancien et du Nouveau Testament furent empruntés à ces ouvrages.

- Biblical citations, along with details about sovereigns, professors of the University and figures from the Old and New Testaments, have been taken from these sources.

- De oudst gedrukte afbeelding (1610) van het stadhuis met op de achtergrond de Tafelronde.
- La plus ancienne représentation imprimée (1610) de l'hôtel de ville avec à l'arrière-plan la Table Ronde.
- The oldest printed image (1610) of the Town Hall with the Round Table in the background.

J.B. Gramaye, *Antiquitates illustrissimi ducatus Brabantiae – Lovanium Brabantiae metropolis*. Brussel, 1610.

- De Grote Markt anno 1787/88.
- La Grand' Place (1787/88).
- The Grote Markt (1787/88).

Templum D. Petri
Domus Senatoria.

- Het stadhuis 'zonder beelden' naar een prent van omstreeks 1840 met – en dat is opvallend – een 'versierde' zuidoostelijke toren aan de kant van het politiekantoor.
- L'hôtel de ville 'sans statues' d'après une vue d'environ 1840 avec – ceci a de quoi surprendre – la tour sud-est 'décorée' du côté du bureau de police.
- The town hall 'without statues' as depicted in a print from about 1840 with a remarkable feature, a 'decorated' southeastern tower on the side of the police station.

- 'Den 8 mei 1904, plaatsen Hunne Koninklijke Hoogheden Prins en Prinses Aelbrecht van Belgie dezen gedenksteen der herstellingswerken van dit stadhuis'.
- 'Le 8 mai 1904, leurs Altesses Royales le Prince et la Princesse Albert de Belgique posent cette pierrre commémorative de la restauration de cet hôtel de ville'.
- On 8 May 1904, Their Royal Highnesses Prince and Princess Albert of Belgium laid this stone commemorating the restoration of this Town Hall.

Oostgevel / La façade est / The eastern façade

- De oostgevel is asymmetrisch. Opvallend is de kale toren die de oude met de nieuwe vleugel verbindt. Hij werd tijdens de eerste bouwfase, enkele jaren vóór de schitterende versiering van Mattheus de Layens, opgetrokken. De drie middelste ramen zijn dichtgemetseld omdat op die plaats aanvankelijk een open haard was gepland.

- La façade est recèle une asymétrie. Fait remarquable, elle possède une tour nue qui relie l'ancienne à la nouvelle aile. Elle fut érigée durant la première phase de construction, avant la décoration superbe de Mathieu de Layens. Les trois fenêtres centrales sont bouchées parce qu'un âtre avait été prévu à leur emplacement.

- The eastern façade is asymmetrical with a striking, unadorned corner tower connecting the old and new wings. It was erected during the first construction phase, some years before Matthew de Layens carried out his superb ornamentation. The three middle windows are bricked up because an open fire had been originally planned for that spot.

De voorgevel met links het politiekantoor, rechts de Naamsestraat.

Het zadeldak telt aan de voorkant 46 dakkapellen die de grote zolder verlichten.
De kroonlijst, versierd met tien afwisselende geometrische figuren, is rondom het dak en de torens geweven en verbergt de dakgoot. Er zijn, de zes torens inbegrepen, 133 waterspuwers.
In de gevels zijn 46 grote spitsboogramen verwerkt: 28 in de voorgevel en 18 in de zijgevels. Ze zijn bovenaan afgewerkt met grote kruisbloemen. Tussen de ramen bevinden zich de nissen met de beelden op hun kraagstenen zonder enig correlatief verband, aangezien ze uit een verschillende periode stammen.

La façade antérieure. A gauche, le bureau de police, à droite, la Naamsestraat.

Le toit en bâtière sur la face avant, compte 46 lucarnes. Elles éclairent le grand grenier.
La corniche, ornée de dix figures géométriques différentes, est tissée autour du toit et des tourelles et cache la gouttière. Il y a, les six tourelles comprises, 133 gargouilles.
Les façades sont ornées de 46 grandes fenêtres ogivales: 28 dans la façade antérieure et 18 dans les façades latérales. Aux parties supérieures elles sont ornées de grands fleurons. Entre les fenêtres, se dressent les niches avec les statues et les corbeaux qui n'ont aucune corrélation vu qu'elles proviennent de périodes différentes.

The front façade with the police station on the left and Naamsestraat on the right.

There are 46 dormer windows on the front side of the saddle roof.
The cornice, decorated with ten varying geometrical patterns, winds around the roof and towers, hiding the gutters. There are 133 gargoyles, including those on the six turrets.
The façades have 46 large oriel windows, 28 on the front façade, and 18 on the side façades, which are finished off on top with large finials. Between the windows are the niches with the statues and corbels, which are not directly related to each other as they come from different time periods.

- Bij een luchtbombardement van de geallieerden (11/12 mei 1944) vloog een bom rakelings langs de voorgevel van het stadhuis. Ze ontplofte niet, maar werd opengereten waardoor de springstof over de gevel werd weggeblazen. Vandaar die schuine witte streep en de schade aan de middenbeelden en de trappartij. De bom kwam terecht aan de zijtrap.

- Lors d'un bombardement aérien allié (11/12 mai 1944) une bombe rasa la façade de l'hôtel de ville. Elle n'éclata pâs, mais fut éventrée, et les explosifs furent répartis sur la façade. De là la traînée blanche oblique et le statuaire central endommagé de même que l'escalier. La bombe tomba devant l'escalier latéral.

- During an Allied air raid (11/12 May 1944) a bomb narrowly missed the Town Hall. It did not detonate but was ripped open, and the explosive material was blown across the façade. This is the reason for the slanting white stripe and the damage to the central statues and staircase. The bomb ended up in front of the side steps.

▸ De eerste achttien beelden (niveau A) in de voorgevel.

▸ Les dix-huit premières statues (niveau A) de la façade.

▸ The first eighteen statues (level A) on the façade.

- Achterkant van het stadhuis met *Vrijthof*.
- L'arrière de l'hôtel de ville avec la *Vrijthof*.
- The rear of the Town Hall with *Vrijthof*.

De zolder / Le grenier / The Attic

- Hier worden relicten bewaard van oude sculpturen, waaronder oorpronkelijke kraagstenen met gipsen afgietsels die tijdens de eerste restauratiecampagne werden gemaakt.
- Là sont conservés les restes d'anciennes sculptures, dont les moulages en plâtre des corbeaux originaux fabriqués pendant la première phase de restauration.
- The large attic houses the remains of old sculptures, including many original corbels with their plaster casts that were made during the first restoration phase.

▸ Het dak van het stadhuis met nok, dakkapellen, twee oostelijke torenspitsen met hun verbindingstrap. Op de achtergrond de toren van de universiteitsbibliotheek.

▸ Le toit de l'hôtel de ville avec faîte, lucarnes, les deux tourelles du côté est avec leur escalier de liaison. A l'arrière-plan, la tour de la bibliothèque de l'université.

▸ The roof of the Town Hall with ridge, dormer windows, and on the east side two turrets with their connecting staircase. In the background is the tower of the university library.

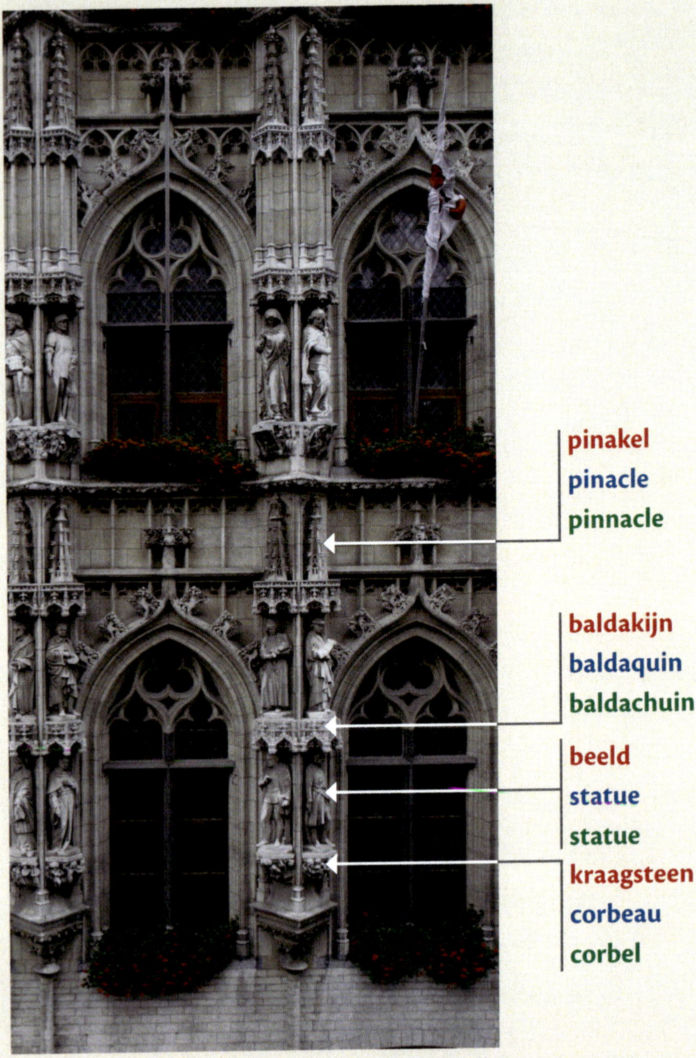

▶ Vanuit optisch standpunt lijken de gevelbeelden allemaal even groot. Nochtans varieert de grootte: de beelden van de niveaus A en B zijn 1,35 meter hoog, die van C en D tussen 1,60 en 1,65 m.

▶ D'un point de vue optique, les statues semblent toutes de taille égale. Pourtant la taille des niveaux A et B est de 1,35 m, celle des niveaux C et D varie entre 1,60 et 1,65 m.

▶ From an optical point of view, all the statues seem to be of equal height. However, the height varies: the statues on levels A and B are 1.35m high, while those on C and D are between 1.60 and 1.65m.

▶ De graflegging van Jezus met verwijzingen naar Jozef die door zijn broers in een put wordt gegooid (kraagsteen A12) en naar Jona die in zee wordt geworpen en door een grote vis wordt opgeslokt (kraagsteen C2).

▶ La mise au tombeau de Jésus avec références à Joseph, qui fut jeté dans un puits par ses frères (corbeau A12) et à Jonas, jeté à la mer et avalé par un gros poisson (corbeau C2).

▶ The burial of Jesus with references to Joseph who was thrown into a well by his brothers (Corbel A12), and to Jonah who was thrown into the sea and swallowed by a large fish (Corbel C2).

P. Hainz & W.L. Schreiber, *Biblia pauperum. Nach dem einzigen Exemplare in 50 Darstellungen [früher in Wolfenbüttel, jetzt in der Bibliothèque Nationale]*. Strassburg, 1903 (37).

- Twee originele 19de-eeuwse tekeningen van de kraagstenen A30 en D2.
- Deux dessins originaux du XIXe siècle des corbeaux A30 et D2.
- Two original drawings from the 19th cenrury of the corbels A30 and D2.

Banderoldragers / Les porte-banderoles / The Banderole Bearers

- Naast de 121 grote kraagstenen met bijbelse taferelen zijn er ook nog 52 kleine die in de drie versierde hoektorens zijn verwerkt. Zij stellen 52 figuren voor met een tekstloze spreukband in de hand. Die banderoldragers – 26 engelen, 25 mansfiguren en een sibylle – ondersteunen evenveel kleine, maar lege nissen waarin emblematische figuren met betrekking tot de wetenschappen, de letteren, de kunsten, de industrie en de militaire glorie moesten komen. Kennelijk waren die banderoldragers bedoeld om de voorstelling die ze begeleiden te verklaren. Dat is alleszins het geval bij een aantal torenbeelden: Amos (E6), Salomo (E7), Isaï/Jesse (F9), David (F11), Uzzia (F15), Jotam (F16) en Elia (F37). Op hun banderol staat hun naam of een bijbels sleutelwoord.

- A côté des 121 corbeaux illustrant des scènes bibliques, on en compte aussi 52 petits dans les trois tours d'angle ornées. Ils représentent 52 figures portant une banderole sans texte dans la main. Les porte-banderoles – 26 anges, 25 figures d'homme et une sibylle – soutiennent autant de petites niches vides devant contenir des figures emblématiques relatives aux sciences, lettres et arts, à l'industrie et à la gloire militaire. Manifestement, ces porte-banderoles avaient pour but d'expliquer la représentation les accompagnant. Ceci est certainement le cas des statues des tourelles représentant Amon (E6), Salomon (E7), Jessé (F9), David (F11), Ozias (F15), Joatham (F16) et Élie (F37). Leurs banderoles portent leur nom ou un mot-clé biblique.

- Besides the 121 large corbels with biblical scenes, there are also 52 small corbels which are incorporated in the three decorated corner towers. They depict 52 figures carrying a blank banderole. These banderole bearers – 26 angels, 25 male figures and a sibyl – support the same number of small though empty niches, which were destined to hold emblematic statues of people from the sciences, humanities, fine arts, industry and the military. Apparently, the banderole bearers were intended to give information about the statues they accompanied. This is the case with the tower statues of Amos (E6), Solomon (E7), Jesse (F9), David (F11), Ussiah (F15), Chotam (F16) and Elijah (F37), whose banderoles bear either their names or a biblical keyword.

- Alois Van Gool maakt een nieuw beeld van Sint-Jozef (E15). Op de achtergrond staat het oude beeld.
- Alfons Van Gool fait une nouvelle statue de saint Joseph (E15). A l'arrière-plan, l'ancienne statue.
- Alois Van Gool made a new statue of St. Joseph (E15). In the background is the old statue.

De gevelbeelden en de kraagstenen

Les statues et les corbeaux des façades

The statues and the corbels on the façades

▶ Elk beeld is voorzien van een volgnummer per niveau, een foto, een beknopt identiteitsbewijs, en ook de naam van de beeldhouwer van zowel het oude als van het vernieuwde of gerestaureerde beeld. Bij 121 beelden volgt de afbeelding van de versierde kraagsteen waarop ze rusten, met een bondige commentaar en een verwijzing naar het Oude of het Nieuwe Testament.

👁 Attribuut
⚐ Inhuldiging = *Blijde Inkomst* van een vorst te Leuven
⚒ Beeldhouwer
♙ Niet geïdentificeerde persoon
N Nieuw beeld
R Restauratie van het oorspronkelijke beeld

▶ Pour chaque statue, munie d'un numéro d'ordre et d'une photo, il y a une pièce d'identité, et le nom du sculpteur du XIXe siècle comme de celui qui a rénové ou restauré la statue durant la dernière restauration. Pour 121 statues, on trouve une représentation du corbeau sur lequel ils reposent, assortis d'un commentaire concis renvoyant à l'Ancien ou au Nouveau Testament.

👁 Attribut
⚐ Inauguration = *Joyeuse Entrée* d'un souverain à Leuven
⚒ Sculpteur
♙ Personnage non identifié
N Nouvelle statue
R Restauration de la statue originale

▶ Each of the statues is identified by a serial number and is accompanied by the following: a photograph; a brief identification; the name of the original sculptor, as well as the names of those who restored or recarved the statue during the last restoration. Finally, for 121 statues there is a photograph of the corbel on which each rests, along with a short commentary on the Old or New Testament story represented.

👁 Attribute
⚐ Inauguration = *Joyous Entry* of a sovereign into Leuven
⚒ Sculptor
♙ Unidentified person
N New statue
R Restoration of the original statue

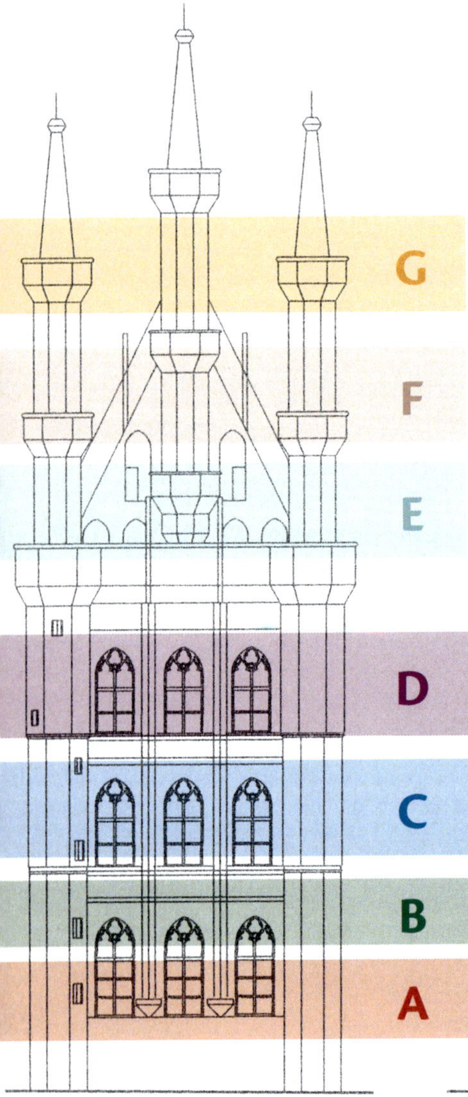

Oostkant/Côté est/East Side

Grote Markt

G
F
E
D
C
B
A
Naamsestraat

A1 Sulpitius van Vorst

SULPITIUS VAN VORST (ca. 1375 – Leuven, 1439), eerste bouwmeester van de Sint-Pieterskerk en het stadhuis te Leuven. Buiten Leuven blijft zijn naam verbonden aan de O.-L.-Vrouw-ten-Poelkerk te Tienen en de Sint-Sulpitiuskerk te Diest.

👁 passer in rechterhand, plan in linkerhand

SULPICE VAN VORST, premier architecte de l'église Saint-Pierre et de l'hôtel de ville de Leuven. En dehors de Leuven, son nom reste rattaché à l'église Notre-Dame-du-Lac de Tienen et à l'église Saint-Sulpice de Diest.

👁 compas dans la main droite, plan dans la main gauche

SULPITIUS VAN VORST, first architect of St. Peter's Church and the Town Hall of Leuven. Outside of Leuven, his name is associated with the Church of Our Lady of the Marsh in Tienen and St. Sulpitius Church in Diest.

👁 compass in right hand, plan in left hand

⚒ François Smeesters

De opstandige engelen [1]
De Heer tussen opstandige en trouwe engelen. Vooraan plaatst een engel, Lucifer, zich hoger dan God.

Les anges rebelles [1]
Le Seigneur flanqué à sa droite des anges rebelles, à sa gauche des anges fidèles. Au premier plan, Lucifer qui se présente plus haut que Dieu.

The rebel angels [1]
The Lord is pictured here, between the rebel angels on one side and the faithful angels on the other. In the forefront is Lucifer, who has placed himself higher than God.

➡ **A1**-A2 📖 Jes/Is/Isa: 14,12-16

A2

Jozef Geldolf van Ryckel

JOZEF GELDOLF VAN RYCKEL (Oorbeek, 1581 – Leuven, 1642), abt van de Sint-Geertruiabdij (reguliere kanunniken van Sint-Augustinus) die hij verfraaide. Hij publiceerde te Leuven hagiografieën over Begga van Andenne (1631) en Geertrui van Nijvel (1632).

halsketting met kruis, schrijfveer in rechterhand, boek in linkerhand

JOSEPHE GELDOLPHE VAN RYCKEL, abbé de l'abbaye de Sainte-Gertrude (chanoines réguliers de saint Augustin), qu'il embellit. Il publia des hagiographies de Begge d'Andenne (1631) et de Gertrude de Nivelles (1632).

collier avec croix, plume d'oie dans la main droite, livre dans la main gauche

JOZEF GELDOLF VAN RYCKEL, abbot of St. Gertrude Abbey (Canons Regular of St. Augustine) which he embellished. He published hagiographies of Begga of Andenne (1631) and Gertrude of Nivelles (1632).

cross and chain, quill in right hand, book in left hand

⚒ François Smeesters

De opstandige engelen [2]
Lucifer en zijn trawanten storten neer in de hel, hier voorgesteld als de vuurspuwende muil van een monster.

Les anges rebelles [2]
La chute de Lucifer et des anges rebelles. L'enfer est représenté comme la gueule crachant le feu d'un monstre.

The rebel angels [2]
The fall of Lucifer and the rebel angels. Hell is represented as the mouth of a fire-breathing dragon.

➠ A1-**A2** 📖 Jes/Is/Isa: 14,12-16

A3 Nicolaus Clenardus

▸ NICOLAUS CLENARDUS / Nicolaes Cleynaerts (Diest, 1493 – Granada, 1542), orientalist. Ten behoeve van zijn onderricht aan het *Collegium Trilingue* (B16) publiceerde hij een leerboek Hebreeuws (Leuven, 1529) en Grieks (Leuven, 1530). Reeds in 1530 vatte hij het plan op om in Leuven een Arabisch college op te richten. Jarenlange studies in het buitenland waren hoopvol, maar intriges van een Portugese consul in Fez (Marokko) verijdelden zijn plan.

schrijfveer in rechterhand, ontrold document in linkerhand

▸ NICOLAUS CLENARDUS, orientaliste. A l'usage de son enseignement au *Collegium Trilingue* (B16) il publia un manuel d'hébreu (1529) et de grec (1530). Déjà en 1530, il conçut le plan de fonder à Leuven un collège arabe. De longues années d'études à l'étranger étaient prometteuses, mais les intrigues d'un consul portugais de Fez (Maroc) ont déjoué son plan.

plume d'oie dans la main droite, document déployé dans la main gauche

▸ NICOLAS CLENARDUS, orientalist. He published textbooks in Hebrew (1529) and Greek (1530) as an aid to his courses at the *Collegium Trilingue* (B16). As early as 1530 he had already come up with a plan to establish an Arabic College in Leuven, and to that end spent many years studying abroad. However, the intrigues of a Portuguese consul in Fez (Morocco) dashed his hopes.

quill in right hand, unrolled document in left hand

Jules Courroit

Adam en Eva in de tuin van Eden [1]
Adam en Eva in de tuin van Eden. Tussen hen staat de boom van de kennis van Goed en Kwaad en daarin de slang met een mannenkop.

Adam et Ève dans le jardin d'Eden [1]
Adam et Ève dans le jardin d'Eden. Entre eux, l'arbre de la connaissance du Bien et du Mal et le serpent avec une tête d'homme.

Adam and Eve in the garden of Eden [1]
Adam and Eve in the Garden of Eden, with between them the tree of knowledge of Good and Evil and the serpent with a man's head.

→ **A3**-A4 Gen/Gn/Gen: 2,8-25; 3,1-24

A4 Gerardus Mercator

▸ Gerardus Mercator / Gerard Cremer (Rupelmonde, 1512 – Duisburg, 1594), studeerde te Leuven bij Gemma Frisius, vader van Cornelius Gemma (B12). Hij verrichtte baanbrekend werk als geograaf en cartograaf en als bouwer van astronomische instrumenten.

👁 globe en boek in beide handen

▸ Gérard Mercator, étudia à Leuven auprès de Gemma Frisius, le père de Corneille Gemma (B12). Il fit œuvre de pionnier comme géographe et cartographe et comme constructeur d'instruments astronomiques.

👁 globe et livre dans les deux mains

▸ Gerardus Mercator, studied in Leuven with Gemma Frisius, the father of Cornelius Gemma (B12). He carried out pioneering work as a geographer and cartographer and as a maker of astronomical instruments.

👁 globe and book in both hands

⚒ Jules Courroit

Adam en Eva in de tuin van Eden [2]
God verjaagt Adam en Eva uit de tuin van Eden. Aan de oostkant van de tuin plaatst Hij de cherubs met een vlammend zwaard om de weg naar de Boom van het Leven te bewaken.

Adam et Ève dans le jardin d'Eden [2]
Dieu expulse Adam et Ève du jardin d'Eden. Du côté est du jardin, Il place des chérubins armés d'un glaive flamboyant, pour garder le chemin de l'Arbre de la Vie.

Adam and Eve in the Garden of Eden [2]
God drives Adam and Eve out of the Garden of Eden. On the east side of the garden, He places cherubs with a flaming sword to guard the way to the Tree of Life.

➡ A3-**A4** 📖 Gen/Gn/Gen: 2,8-25; 3,1-24

A5 Nicolaus Grudius

▸ NICOLAUS GRUDIUS († Venetië, 1572), keizerlijk functionaris en secretaris van verschillende betuursraden. Hij schreef religieus geïnspireerde gedichten, *Piorum Poëmatum* (Antwerpen, 1566), maar ook liefdespoëzie.

document in linkerhand

▸ NICOLAS GRUDIUS, fonctionnaire impérial et secrétaire de plusieurs conseils administratifs. Il écrivit des poèmes d'inspiration religieuse et amoureuse.

document dans la main gauche

▸ NICOLAUS GRUDIUS, imperial official and secretary of various governing councils. He wrote religious and love poetry.

document in left hand

⚒ Henri & Joseph Goyers

Kaïn en Abel [1]
Kaïn, zoon van Adam en Eva, vermoordt zijn jongere broer Abel. Het moordwapen was volgens de overlevering een ezelskinnebak, zichtbaar op de kraagsteen.

Caïn et Abel [1]
Caïn, fils d'Adam et d'Ève, tue son frère cadet Abel. L'arme du crime serait, selon la tradition, une mâchoire d'âne, visible sur le corbeau.

Cain and Abel [1]
Cain, son of Adam and Eve, kills his younger brother Abel. According to tradition, the murder weapon was a donkey's jawbone, as can be seen on the corbel.

➠ **A5**-A6 📖 Gen/Gn/Gen: 4,8 & 25

A6 Antonio Perez

ANTONIO PEREZ / Antonius Perezius (Alfaro, 1583 – Leuven, 1672), professor in het Romeins recht aan de Universiteit. Hij was raadsheer van de Spaanse koning Filips IV (D31). Auteur van een werk over publiekrecht, *Jus publicum* (Amsterdam, 1657).

boek in rechterhand

ANTONIO PEREZ, professeur de droit romain à l'Université. Il fut conseiller du roi d'Espagne Philippe IV (D31). Auteur d'un ouvrage de droit public (1657).

livre dans la main droite

ANTONIO PEREZ, professor of Roman law at the University. He was a counsellor to the King of Spain Philip IV (D31). Author of a work on public law (1657).

book in right hand

⚒ Henri & Joseph Goyers

Kaïn en Abel [2]
Adam, Seth en Kaïn. Na de moord op Abel verwekt Adam bij Eva een zoon, Seth.

Caïn et Abel [2]
Adam, Seth et Caïn. Après le meurtre d'Abel, Ève enfanta un fils d'Adam, Seth.

Cain and Abel [2]
Adam, Seth and Cain. After the murder of Abel, Adam and Eve beget a son, Seth.

➠ A5-**A6** 📖 Gen/Gn/Gen: 4,8 & 25

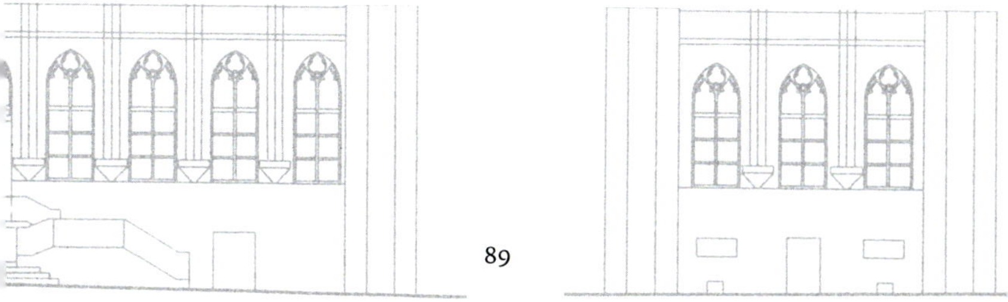

A7 Vopiscus Fortunatus Plempius

VOPISCUS FORTUNATUS PLEMPIUS / Van der Plemp (Amsterdam, 1601 – Leuven, 1671), professor in de geneeskunde aan de Universiteit. Hij werd geprezen voor een studie over oogkwalen, *Ophthalmographia* (Amsterdam, 1632), en de uitgave over geneeskunde, *Fundamenta, seu Institutiones Medicinae* (Leuven, 1638).

schrijfveer in rechterhand, boek in linkerhand

VOPISCUS FORTUNATUS PLEMPIUS, professeur de médecine à l'Université. Il fut apprécié pour une étude sur les maladies des yeux (1632) et un ouvrage sur la médecine (1638).

plume d'oie dans la main droite, livre dans la main gauche

VOPISCUS FORTUNATUS PLEMPIUS, professor of medicine at the University. He was praised for a study on eye conditions (1632) and for a book on medicine (1638).

quill in right hand, book in left hand

Henri & Joseph Goyers
N 1975: Vandekerckhove Ingelmunster

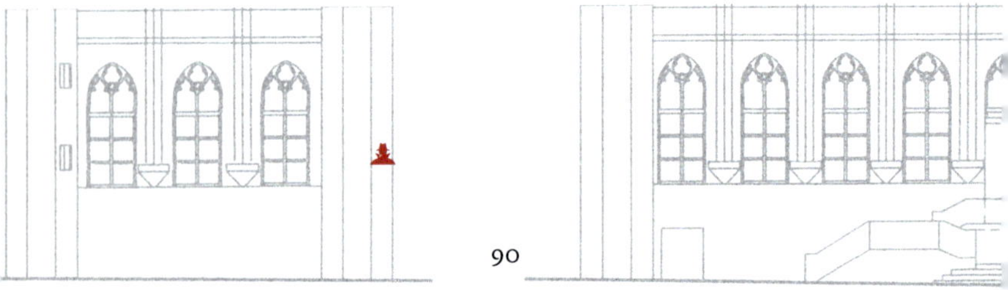

Drie niet-bijbelse scènes met het proces van Kaïn [1]
De aanhouding van Kaïn. De man in het midden van het tafereel gelijkt op de Bourgondische hertog Filips de Goede (D22).

Trois scènes non-bibliques du jugement de Caïn [1].
L'arrestation de Caïn. L'homme au milieu de la scène ressemble à Philippe le Bon, duc de Bourgogne (D22).

Three non-biblical scenes of the trial of Cain [1]
The arrest of Cain. The man in the middle of the scene resembles Philip the Good, Duke of Burgundy (D22).

➠ **A7**-A8-A9 📖 Maesschalck-Viaene 2005

Michael Baius

MICHAEL BAIUS / Michel de Bay (Bauffe, 1513 – Leuven, 1589), professor in de Heilige Schrift en vice-kanselier van de Universiteit. Hij werd als expert gevraagd op het Concilie van Trente (1545-1563). Vanwege afwijkende opvattingen, die mee aan de basis zouden liggen van het jansenisme (B14), kwam hij later in conflict met de kerkelijke overheid.

opengeslagen boek in rechterhand

MICHEL DE BAY, professeur de l'Écriture sainte et vice-chancelier de l'Université. Il fut un expert sollicité au Concile de Trente (1545-1563). Plus tard il entra en conflit avec les autorités de l'Église, de par ses opinions divergentes, qui auraient été à la base du jansénisme (B14).

livre ouvert dans la main droite

MICHAEL BAIUS, professor of Holy Scripture and vice-chancellor of the University. He was invited to attend the Council of Trent (1545-1563) as an expert, but later came into conflict with the church authorities for propounding views that would influence the emergence of Jansenism (B14).

open book in right hand

Henri & Joseph Goyers
N 1975: Vandekerckhove Ingelmunster

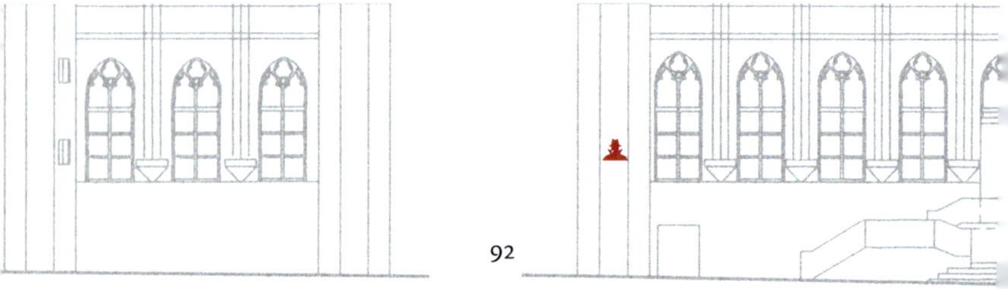

Drie niet-bijbelse scènes met het proces van Kaïn [2]
De voorgeleiding van Kaïn.

Trois scènes non-bibliques du jugement de Caïn [2]
La comparution de Caïn.

Three non-biblical scenes of the trial of Cain [2]
The arraignment of Cain.

➠ A7-**A8**-A9 📖 Maesschalck-Viaene 2005

A9 Matthias vanden Gheyn

▸ MATTHIAS VANDEN GHEYN (Tienen, 1721 – Leuven, 1785), telg uit een beroemd klokkengietersgeslacht, genoot naam en faam als componist en organist-beiaardier van de Sint-Pieterskerk.

👁 vier boeken, schrijfveer in rechterhand, partituur in linkerhand

▸ MATTHIAS VANDEN GHEYN, descendant d'une illustre famille de fondeurs de cloches, jouit d'une réputation comme compositeur et organiste-carillonneur de l'église Saint-Pierre.

👁 quatre livres, plume d'oie dans la main droite, partition dans la main gauche

▸ MATTHIAS VANDEN GHEYN, member of a famous bell-foundry family, was well-known as a composer and organist-carillonneur at St. Peter's Church.

👁 four books, quill in right hand, score in left hand

⚒ Henri & Joseph Goyers
N 1975: Vandekerckhove Ingelmunster

Drie niet-bijbelse scènes met het proces van Kaïn [3]
Het strafvonnis van Kaïn.

Trois scènes non-bibliques du jugement de Caïn [3]
Le verdict de Caïn.

Three non-biblical scenes of the trial of Cain [3]
The judgement of Cain.

➠ A7-A8-**A9** 📖 Maesschalck-Viaene 2005

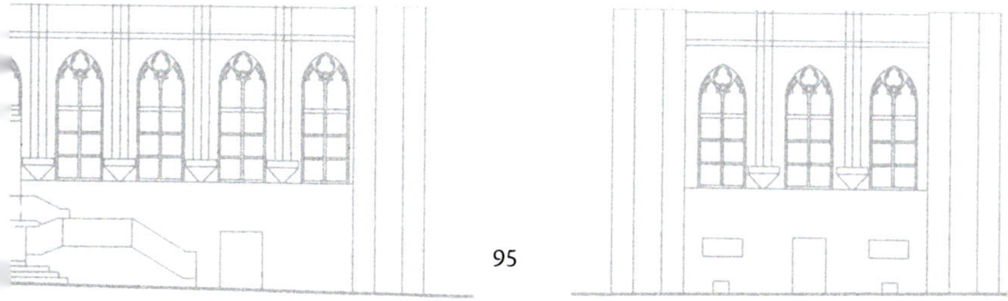

A10 Quinten Metsys

▸ QUINTEN METSYS / Matsys (Leuven, 1466 – Antwerpen, 1530), kunstsmid en kunstschilder. Broer van Josse Metsys (B10). Hij genoot vermoedelijk zijn schildersopleiding bij de zonen van Dieric Bouts (A13). In 1491 werd hij als meester ingeschreven in de Sint-Lucasgilde te Antwerpen. Werken van hem hangen in binnen- en buitenlandse musea, waaronder een *Sint-Annatriptiek* (Brussel), *De bankier en zijn vrouw* (Parijs) en een portret van *Erasmus* (Rome).

👁 aanbeeld, penseel in rechterhand, schilderspalet in linkerhand

▸ QUENTIN METSYS, ferronnier d'art et peintre. Frère de Josse Metsys (B10). Fils d'un forgeron. Il reçut probablement sa formation de peintre auprès des fils de Thierry Bouts (A 13). En 1491, il fut inscrit comme maître à la gilde Saint-Luc d'Anvers. Des œuvres se trouvent dans les musées belges et étrangers, dont le *Triptyque de Sainte-Anne* (Bruxelles), *Le banquier et sa femme* (Paris) ainsi qu'un portrait d'*Érasme* (Rome).

👁 enclume, pinceau dans la main droite, palette dans la main gauche

▸ QUENTIN METSYS, ornamental ironsmith and painter. Brother of Josse Metsys (B10). He was probably trained as a painter by the sons of Dieric Bouts (A13). In 1491 he was registered as a master in the Guild of Saint Luke in Antwerp. His paintings are to be found in museums at home and abroad, including *St. Anne Triptych* (Brussels), *The Banker and his Wife* (Paris), and a portrait of *Erasmus* (Rome).

👁 anvil, paintbrush in right hand, palette in left hand

⚒ 1854: Henri & Joseph Goyers

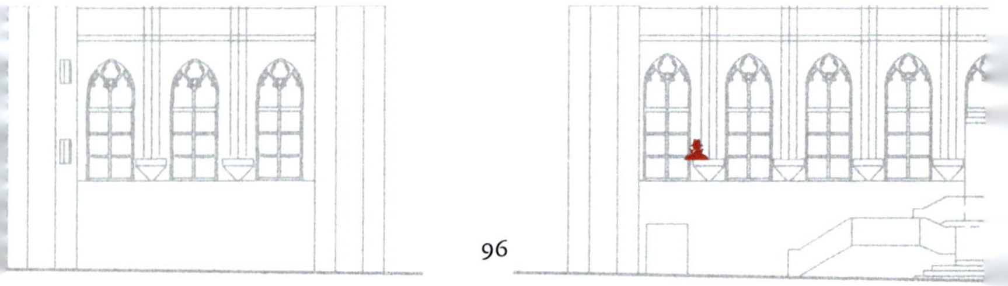

Noach en zijn zonen [1]
Noach, dronken van de wijn uit zijn wijngaard, ligt halftnaakt in zijn tent. Cham vertelt het spottend aan zijn twee broers Sem en Jafet. Zij bedekken, met afgewend gelaat, het lichaam van hun vader met een mantel.

Les fils de Noé [1]
Noé s'est écroulé à moitié nu dans sa tente enivré du vin de sa vigne. Cham raconte ceci à ses deux frères en se moquant de la nudité de leur père. Sem et Japhet couvrent, leurs visages détournés, le corps d'un manteau.

Noah and his sons [1]
Drunk from the wine in his vineyard, Noah lies half-naked in his tent. Ham mockingly tells his two brothers about their father's nudity. Shem and Japheth, their faces turned away, cover the body with a garment.

➡ **A10**-A11 📖 Gen/Gn/Gen: 9,20-27

Wouter van der Leyden

WOUTER VAN DER LEYDEN († Brussel, 1378), burgemeester uit de ambachten. Toen hertog Wenceslas (D17) in 1373 de prerogatieven van de Leuvense patriciërs herstelde, brak een volksopstand uit onder leiding van Van der Leyden. Tijdens een diplomatieke missie in Brussel waar hij bij hertogin Johanna (D18) het gedrag van de patriciërs had aangeklaagd, werd hij door hun knechten vermoord. Uit wraak werd een aantal patriciërs uit de ramen van het vroegere stadhuis gegooid.

zwaard

WOUTER VAN DER LEYDEN, bourgmestre des métiers. Lorsque le duc Wenceslas (D17) rétablit les prérogatives des patriciens de Leuven, il y eut en 1373 une insurrection populaire sous la conduite de Van der Leyden. Lors d'une mission diplomatique à Bruxelles, où il dénonça auprès de la duchesse Jeanne (D 18) le comportement des patriciens, il fut massacré par leurs serviteurs. Par vengeance, un nombre de patriciens furent défenestrés de l'ancien hôtel de ville.

épée

WOUTER VAN DER LEYDEN, mayor representing the artisans. When Duke Wenceslas (D17) restored the privileges of the Leuven patriciate in 1373, a popular uprising broke out, led by Van der Leyden. While on a diplomatic mission to Brussels to complain to Duchess Joanna (D18) about the patricians, he was killed by their servants. In revenge, a number of patricians were thrown from the windows of the first Town Hall.

sword

1854: Henri & Joseph Goyers
N 1975: Vandekerckhove Ingelmunster

▶ **Noach en zijn zonen [2]**
Vanwege zijn spottend gedrag wordt Cham door zijn vader vervloekt en weggestuurd.

▶ **Les fils de Noé [2]**
Cham est maudit et renvoyé par son père pour son comportement railleur.

▶ **Noah and his sons [2]**
Ham is cursed and banished by his father for his mocking behaviour.

➠ A10-**A11** 📖 Gen/Gn/Gen: 9,20-27

Adrianus VI

Adrianus VI (Utrecht, 1459 – Rome, 1523) verbleef als Adrianus Florisz. van 1476 tot 1515 in Leuven. Hij was theoloog, rector van de Universiteit en tevens opvoeder van Karel V (D27). In januari 1522 werd hij tot paus gekozen, tot nu toe de enige paus uit de Nederlanden. Bij testament stichtte hij een college – het *Pauscollege* aan het Hogeschoolplein – voor theologiestudenten.

👁 tiara, document met zegel in rechterhand

ADRIEN VI, résidait comme Adrianus Florisz. à Leuven (1476-1515). Il fut théologien, recteur de l'Université et éducateur de Charles V (D27). En janvier 1522, il fut élu pape, jusqu'à présent le seul pape venant des Pays-Bas. Par testament il fonda un collège – le *Collège du Pape* à la Hogeschoolplein – pour étudiants en théologie.

👁 tiare, document avec un sceau dans la main droite

ADRIAN VI, as Adrianus Florisz., lived in Leuven from 1476 to 1515. He was a theologian and rector of the University, as well as a tutor to Charles V (D27). In January 1522 he was elected pope, to date the only pope ever from the Low Countries. By his will he founded a college for theology students, now *Pope's College* on the Hogeschoolplein.

👁 tiara, document with seal in right hand

⚒ 1854: Henri & Joseph Goyers
N 1975: Vandekerckhove Ingelmunster

Jozef in Egypte [1]
Jozef, de lievelingszoon van Jakob, wekt de afgunst van zijn broers. Op een dag, terwijl ze samen de kudden hoeden, werpen ze hem in een put en verkopen hem later aan voorbijtrekkende Ismaëlieten, die hem meevoeren naar Egypte.

Joseph en Égypte [1]
Joseph, le bien-aimé de son père Jacob, est jalousé par ses frères. Un jour, pendant qu'ils gardent ensemble leurs troupeaux, ils le jettent dans un puits et le vendent après à des Ismaélites de passage qui l'emmènent en Égypte.

Joseph in Egypt [1]
Joseph, the favourite son of Jacob, is envied by his brothers. One day, while guarding their flocks, they throw him into a well and sell him afterwards to passing Ishmaelites who take him to Egypt.

➟ **A12**-A13 Gen/Gn/Gen: 37,39-45
⚒ N: Louis Gérard

A13 Dieric Bouts

▶ Dieric Bouts (Haarlem, ca. 1410 – Leuven, 1475), schilder, vestigde zich vóór 1448 in Leuven. Hij vervaardigde voor de Sint-Pieterskerk de drieluiken *Het Laatste Avondmaal* en *De marteling van de Heilige Erasmus*. Voor de schepenkamer van het stadhuis maakte hij twee panelen met *De Gerechtigheid van Keizer Otto III* (Brussel). Daarvan hangen in het stadhuis 19de-eeuwse kopieën.

👁 schilderspalet in linkerhand

▶ Thierry Bouts, peintre, s'établit à Leuven avant 1448. Auteur des tryptiques *La Cène* et *Le martyre de Saint-Érasme* pour l'église Saint-Pierre. Pour la chambre des échevins de l'hôtel de ville, il peignit deux panneaux représentant *La Justice de l'Empereur Othon III* (Bruxelles). A l'hôtel de ville, on en retrouve des copies du XIXe siècle.

👁 palette dans la main gauche

▶ Dieric Bouts, painter. He settled in Leuven sometime before 1448. Created the triptychs *The Last Supper* and *The Martyrdom of St. Erasmus* for St. Peter's Church. He painted two panels entitled *The Righteousness of Emperor Otto III* (Brussels) for the aldermen's room in the Town Hall, where 19th century copies of those paintings can still be seen.

👁 palette in left hand

⚒ 1854: Henri & Joseph Goyers

▶ **Jozef in Egypte [2]**
Jozef wordt de huisslaaf van Potifar, overste van de lijfwacht van de farao. Valselijk beschuldigd door Potifars vrouw die hem wilde verleiden, komt hij in de gevangenis terecht waar hij zich laat opmerken door wonderlijke droomverklaringen. Hij wordt de vertrouweling van de farao, die hem tot onderkoning van Egypte benoemt. Jozef, hier zittend op een paard, maakt zich kenbaar aan zijn broers.

▶ **Joseph en Égypte [2]**
Joseph devient l'esclave de Potiphar, chef des gardes du pharaon. Suite à une fausse accusation de la femme de Potiphar qui a voulu le séduire, Joseph est emprisonné. Il se fait remarquer en prison comme interprète d'images oniriques. Il devient un homme de confiance du pharaon, qui le proclame vice-roi d'Égypte. Joseph, assis sur un cheval, se présente à ses frères.

▶ **Joseph in Egypt [2]**
Joseph becomes the slave of Potiphar, the captain of the Pharaoh's guard. Falsely accused by Potiphar's wife who wanted to seduce him, Joseph finds himself in jail where he becomes known for his wonderful explanations of dreams. He becomes the confidant of the Pharaoh, who appoints him viceroy of Egypt. Joseph, here shown sitting on a horse, reveals himself to his brothers.

➠ A12-**A13** 📖 Gen/Gn/Gen: 37,39-45 ⚒ N: Louis Gérard

A14 Pieter Coutereel

▶ PIETER COUTEREEL (Leuven ca. 1320 – na 1371), van 1349 tot 1361 hertogelijk ambtenaar (meier) en in 1362 burgemeester uit de patriciërs. Hij leidde in 1360 een volksopstand tegen het stadsbestuur vanwege de slechte economische toestand, een gevolg van een crisis in de lakennijverheid. Hij werkte een 'politieke regeling' uit inzake stedelijke ambten: voortaan zou naast een burgemeester uit de patriciërs ook een tweede burgemeester uit de naties worden verkozen (C11), en zouden alle ambten eerlijkheidshalve verdeeld worden.

👁 document in rechterhand

▶ PIETER COUTEREEL, de 1349 à 1361 fonctionnaire ducal (mayeur) et en 1362 bourgmestre représentant les patriciens. Chef d'une révolte (1360) à Leuven contre le collège échevinal suite à une situation économique défavorable due à une crise dans le secteur drapier. Il élabora un 'arrangement politique' pour les fonctions municipales. Dorénavant serait élu, à côté du bourgmestre issu des patriciens, un second bourgmestre en provenance des nations (C11), et toutes les fonctions seraient équitablement réparties.

👁 document dans la main droite

▶ PETER COUTEREEL, from 1349 to 1361 ducal officer (bailiff), and in 1362 mayor of the patricians. In 1360 he led a popular uprising against the municipal authorities protesting the poor economic situation resulting from the crisis in the cloth industry. He worked out a 'political settlement' concerning municipal offices: in future, along with a mayor from the patricians, a second mayor would be elected from among the artisans (C11), and all the offices would be fairly distributed.

👁 document in right hand

⚒ 1854: Henri & Joseph Goyers

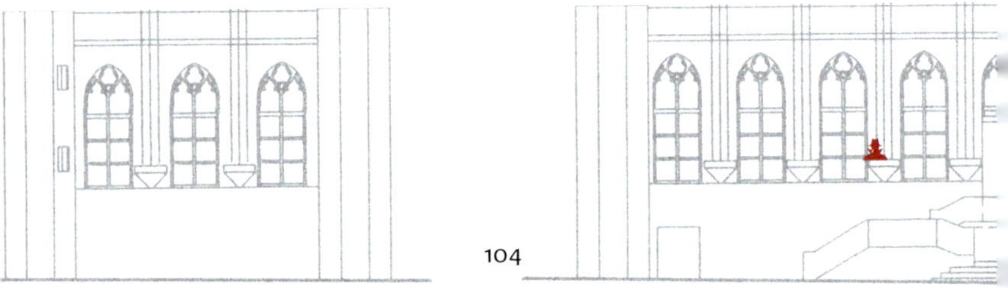

De afgodendienst van Jerobeam [1]

Jerobeam, koning van Israël en schoonzoon van de Egyptische farao Sisak, sticht heiligdommen in de steden Betel en Dan. Hij plaatst er twee gouden stierenbeelden en stelt ze voor als 'de goden die de Israëlieten uit Egypte hebben geleid'. Ze moeten door iedereen aanbeden worden. Een onbekende profeet protesteert. Als straf voor die afgodendienst kondigt hij aan dat het nageslacht van Jerobeam de troon van Israël niet zal behouden.

L'idolâtrie de Jéroboam [1]

Jéroboam, roi d'Israël et beau-fils de Sisak, pharaon d'Égypte, érige des sanctuaires dans les cités de Béthel en de Dan. Il y place deux statues d'un veau d'or qui représentent les 'dieux qui ont emmené les Israëlites d'Égypte'. Elles doivent être adorées par tout le monde. Un prophète inconnu s'insurge. En punition de cette idolâtrie, il prédit que la progéniture de Jéroboam perdra le trône d'Israël.

The idolatry of Jeroboam [1]

Jeroboam, king of Israel and son-in-law of the Egyptian Pharaoh Shishak, erects sanctuaries in the cities of Bethel and Dan. He places two golden bulls in them and presents them as the 'gods who had led the Israelites out of Egypt'. They have to be worshipped by everyone. An unknown prophet protests and predicts that Jeroboam's progeny will lose the throne of Israel as a punishment for this idolatry.

➠ **A14**-A15 📖 1 Kon/1 R/1 Kings: 12; 2 Kron/2 Ch/2 Chron: 13

A15 Desiderius Erasmus

▶ DESIDERIUS ERASMUS (Rotterdam, 1467/69 – Bazel, 1536), humanist, theoloog en filoloog. Verbleef tweemaal in Leuven (1502-1504, 1517-1521). Auteur van talrijk werken waaronder een kritische uitgave van het Griekse Nieuwe Testament (*Novum Instrumentum*. Bazel, 1516). Succesvol werd zijn satirisch werk *Lof der zotheid* (*Laus stultitiae*. Parijs, 1511). Hij ijverde voor de oprichting van het *Collegium Trilingue* waar Hebreeuws, Grieks en Latijn zou onderwezen worden (B16).

👁 schrijfveer in rechterhand, opengeslagen boek in linkerhand

▶ DIDIER ÉRASME, humaniste, théologien et philologue. Séjourna deux fois à Leuven (1502-1504, 1517-1521). Auteur d'un grand nombre de livres dont une édition critique du Nouveau Testament grec (1516). Son *Éloge de la folie* (1511), ouvrage satirique, remporta un succès fou. Il s'est dépensé à la fondation du *Collegium Trilingue*, où l'on enseignerait l'hébreu, le grec et le latin (B16).

👁 plume d'oie dans la main droite, livre ouvert dans la main gauche

▶ DESIDERIUS ERASMUS, humanist, theologian and philologist. Stayed twice at Leuven (1502-1504, 1517-1521). Author of many books, including a critical edition of the Greek New Testament (1516) and the widely acclaimed satire, *The Praise of Folly* (1511). He devoted himself to establishing the *Collegium Trilingue*, where Hebrew, Greek and Latin would be taught (B16).

👁 quill in right hand, open book in left hand

⚒ 1854: Henri & Joseph Goyers
N 1975: Vandekerckhove Ingelmunster

De afgodendienst van Jerobeam [2]
In een gevecht tegen Abia, koning van Juda, lijdt het leger van Jerobeam een smadelijke nederlaag.

L'idolâtrie de Jéroboam [2]
L'armée de Jéroboam subit une cuisante défaite dans une bataille contre Abia, le roi de Juda.

The idolatry of Jeroboam [2]
Jeroboam's army is heavily defeated in a battle against Abijah, King of Judah.

➠ A14-**A15** 📖 1 Kon/1 R/1 Kings: 12; 2 Kron/2 Ch/2 Chron: 13

A16

Petrus Divaeus

▶ Petrus Divaeus / Pieter van Dieven (Leuven, 1536 – Mechelen, 1581), stadsambtenaar en historicus. Auteur van een geschiedenis van Leuven, *Rerum Lovaniensium libri IV* (1564-1565) en *Annalium ejusdem Oppidi libri VIII* (eerste uitgave: Leuven, 1757).

👁 document in linkerhand

▶ Pierre Divaeus, fonctionnaire de la ville et historien. Auteur d'une histoire de Leuven.

👁 document dans la main gauche

▶ Petrus Divaeus, municipal official and historian. Author of a history of Leuven.

👁 document in left hand

⚒ 1854: Pierre Puyenbroeck
N 1996: Michel Amÿs

- **Het brandoffer [1]**
  Priesters brengen een brandoffer voor de Heer volgens de voorschriften van Mozes.

- **L'holocauste [1]**
  Les prêtres offrent un holocauste à Dieu selon les prescriptions de Moïse.

- **The burnt offering [1]**
  The priests bring a burnt offering before the Lord according to the prescriptions of Moses.

➠ **A16**-A17 📖 Lev/Lv/Lev: 9-10

A17 Justus Lipsius

▶ Justus Lipsius / Joost Lips (Overijse, 1547 – Leuven, 1606), filoloog, filosoof en historiograaf. Hij was achtereenvolgens professor in de geschiedenis aan de universiteiten van Jena (1572-1574), Leiden (1578-1591) en Leuven (1592-1606). Auteur van verschillende werken over Romeinse schrijvers en instellingen, en van een geschiedenis van Leuven, *Lovanium* (Antwerpen, 1605).

👁 opengeslagen boek in linkerhand

▶ Juste Lipse, philologue, philosophe et historiographe. Il fut successivement professeur d'histoire aux universités de Jena, de Leiden et de Leuven. Auteur de différents ouvrages traitant d'auteurs et d'institutions romains, et d'une histoire de Leuven (1605).

👁 livre ouvert dans la main gauche

▶ Justus Lipsius, philologist, philosopher and historian. Successively professor of history at the universities of Jena, Leiden and Leuven. Author of several works on Roman writers and institutions, as well as a history of Leuven (1605).

👁 open book in left hand

⚒ 1854: Pierre Puyenbroeck
N 1975: Louis Gérard

▶ **Het brandoffer [2] (?)**
Deze voorstelling, waarop twee priesters, vermoedelijk twee zonen van Aäron, is waarschijnlijk het vervolg van de voorgaande kraagsteen.

▶ **L'holocauste [2] (?)**
La scène représentée avec deux prêtres, deux fils présumés d'Aaron, est la suite vraisemblable du corbeau précédent.

▶ **The burnt offering [2] (?)**
This scene with two priests, presumably two sons of Aaron, is probably the sequel to the previous corbel.

➠ A16-**A17** 📖 Lev/Lv/Lev: 9-10

Petrus

- Petrus, apostel. Oorspronkelijk patroonheilige van de Leuvense patriciërs, bijgenaamd *Petermannen*, en van de gelijknamige parochiekerk.

  boek in rechterhand, twee sleutels in linkerhand

- Saint Pierre, apôtre. A l'origine patron des patriciens louvanistes, surnommés *Petermannen*, et de l'église paroissiale Saint-Pierre.

  livre dans la main droite, deux clés dans la main gauche

- St. Peter, Apostle. Originally patron saint of Leuven patricians, called *Petermannen*, and of the parish church of St. Peter.

  book in right hand, two keys in left hand

⚒ Jules Courroit

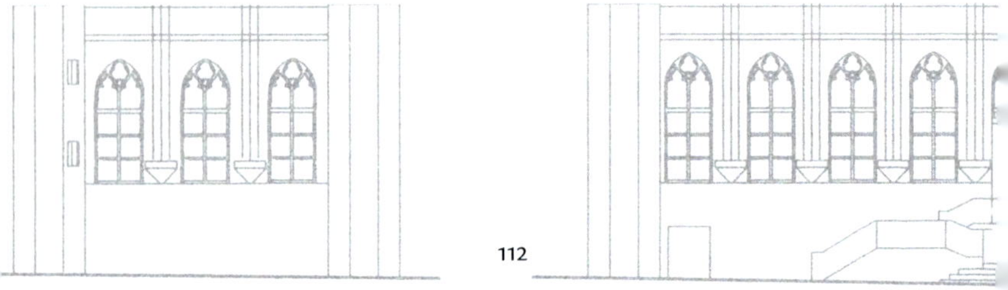

Mattheus de Layens

MATTHEUS DE LAYENS († Leuven, 1483), voltooide als stadsbouwmeester het stadhuis van Leuven. Hij werkte ook aan de Sint-Pieterskerk. Buiten Leuven blijft zijn naam verbonden aan de bouw van de O.-L.-Vrouw-ten-Poelkerk te Tienen, de Sint-Sulpitiuskerk te Diest en de Sint-Waltrudiskerk te Mons.

passer in rechterhand, plan in linkerhand

MATHIEU DE LAYENS, acheva, en tant qu'architecte de la ville, l'hôtel de ville de Leuven. Il travailla aussi à l'église Saint-Pierre. En dehors de Leuven, son nom reste attaché à la construction de l'église Notre-Dame-du-Lac de Tienen, de l'église Saint-Sulpice de Diest et de l'église Sainte-Waudru de Mons.

compas dans la main droite, plan dans la main gauche

MATTHEW DE LAYENS. As town architect he completed the Leuven Town Hall and also worked on St. Peter's Church. Outside of Leuven, his name is associated with the construction of the Church of Our Lady of the Marsh in Tienen, St. Sulpitius Church in Diest and St. Waltrudis Church in Mons.

compass in right hand, plan in left hand

1854: Pierre Puyenbroeck

Bileam en Balak [1]
Bileam wordt door Balak, koning van Moab, ontboden. Hij moet een vloek uitspreken over de talrijke Israëlitische inwijkelingen die zich in zijn gebied hebben gevestigd. De Heer legt Bileam op zich te distantiëren. Toch gaat hij, gezeten op een ezelin, Balak tegemoet om te onderhandelen.

Balaam et Balaq [1]
Balaq, roi de Moab, fait appel à Balaam pour qu'il maudisse les nombreux Israélites immigrés qui s'établissent sur son territoire. Mais Dieu lui demande de s'abstenir. Néanmoins Balaam va, à dos d'âne, à la rencontre de Balaq pour négocier.

Balaam and Balak [1]
Balak, King of Moab, summons Balaam and demands that he curse the many Israelite immigrants who have settled on his land. Contrary to the Lord's order, Balaam goes on his donkey to negotiate with Balak.

➡ **A19**-A20 Num/Nb/Num: 22-24

A20

Johan van Westfalen

▶ Johan van Westfalen (Paderborn, 1440/45 – ? na 1510), een van de eerste drukkers-uitgevers in de Nederlanden. Hij was van 1474 tot 1499 werkzaam te Leuven. In december 1474 drukte hij zijn eerste boek dat handelt over landbouw en plantkunde, *Opus ruralium commodorum* van de Italiaan Petrus de Crescentiis.

drukpers, document in rechterhand

▶ Jean de Westphalie, un des premiers imprimeurs-éditeurs aux Pays-Bas. De 1474 à 1499, il fut actif à Leuven. En décembre 1474, il imprima son premier livre traitant de l'agriculture et de la botanique de l'Italien Petrus de Crescentiis.

presse à imprimer, document dans la main droite

▶ John of Westphalia, one of the first printers and publishers in the Low Countries. He was active in Leuven from 1474 to 1499. In December 1474, he printed his first publication, a book on agriculture and botany by the Italian, Petrus de Crescentiis.

printing press, document in right hand

⚒ 1854: Pierre Puyenbroeck
N 1978: Louis Gérard

Bileam en Balak [2]

Onderweg wordt Bileam en zijn dier door een engel met opgeheven zwaard tegengehouden. De ezelin heeft de engel opgemerkt en vlucht verschrikt het veld in. Bileam, die de engel niet heeft gezien, brengt het dier met stokslagen terug op de weg, waarop de ezelin Bileam verwijtend toespreekt. Eindelijk herkent Bileam de engel. Tot grote ergernis van Balak zegent hij de Israëlieten in plaats van ze te vervloeken.

Balaam et Balaq [2]

En cours de route, un ange brandissant une épée barre le chemin de Balaam et son animal. L'ânesse, qui a remarqué l'ange, s'effraye et fuit dans les champs. Balaam, qui n'avait pas vu l'ange, la ramène à coups de bâton, sur quoi l'ânesse s'adresse à son maître d'un ton de reproche. Enfin, Balaam reconnaît l'ange. A la grande colère de Balaq, il bénit les Israélites au lieu de les maudire.

Balaam and Balak [2]

Balaam and his donkey are stopped en route by an angel with raised sword. On seeing the angel, the terrified donkey flees into the fields. Balaam, who hasn't seen the angel, lashes the donkey back on to the road, whereupon he is reproached by the donkey. Balaam then finally recognizes the angel and, to the great vexation of Balak, he blesses the Israelites instead of cursing them.

➠ A19-**A20** 📖 Num/Nb/Num: 22-24

A21 Onze-Lieve-Vrouw

- ONZE-LIEVE-VROUW, beschermvrouw van Leuven.

  scepter in rechterhand, Jezuskind op linkerarm

- NOTRE-DAME, patronne de Leuven.

  sceptre dans la main droite, l'enfant Jésus sur le bras gauche

- OUR LADY, Protectress of Leuven.

  sceptre in right hand, the infant Jesus on left arm

⚒ Jules Courroit

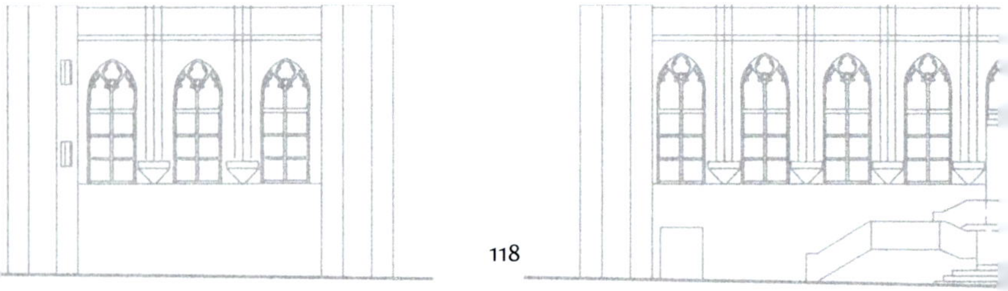

1710

A22 Joannes Jacobus van de Ven

JOANNES JACOBUS VAN DE VEN (Leuven, 1671 – Linden bij Leuven, 1722), burgemeester uit de patriciërs die in augustus 1710 de Fransen uit Leuven verjoeg (D33).

zwaard in linkerhand

JEAN-JACQUES VAN DE VEN, bourgmestre des patriciens qui chassa les Français de Leuven en août 1710 (D33).

épée dans la main gauche

JOANNES JACOBUS VAN DE VEN, mayor of the patricians. Drove the French out of Leuven in August 1710 (D33).

sword in left hand

1854: Pierre Puyenbroeck

Eli, zijn zonen, zijn dood [1]
Eli, priester in Silo, heeft twee zonen, eveneens priesters, die zich niet houden aan de tempelvoorschriften van de Heer en een liederlijk leven leiden. Ondertussen doet de jonge Samuël in een linnen priesterhemd dienst bij de Heer.

Éli, ses fils, sa mort [1]
Éli, prêtre à Silo, a deux fils, également prêtres, qui ne se conforment pas aux prescriptions du temple du Seigneur, et qui mènent une vie dissolue. Entretemps, le jeune Samuel, vêtu de l'éphod de lin, fait le service de Dieu.

Eli, his sons, his death [1]
Eli, priest in Shiloh, has two sons, also priests, who renounce the prescriptions of the Temple of the Lord and lead a dissolute life. Meanwhile, the young Samuel serves the Lord, wearing a linen ephod.

➠ **A22**-A23 📖 1 Sam/1 S/1 Sam: 2,12-26; 4,1-18

A23 Zeger Bernard van Espen

ZEGER BERNARD VAN ESPEN (Leuven, 1646 – Amersfoort, 1728), professor kerkelijk recht aan de Universiteit. In zijn bekendste werk, *Jus ecclesiasticum universum* (Leuven, 1700, veroordeeld in 1704) levert hij kritische beschouwingen bij het kerkelijke rechtssyteem. Hij werd verdacht van jansenistische sympathieën.

opengeslagen boek in linkerhand

ZEGER BERNARD VAN ESPEN, professeur de droit canon à l'Université. Dans son œuvre la plus célèbre sur le droit de l'Église universelle (1700, condamné en 1704), il s'adonna à des considérations critiques du système juridique ecclésiastique. Il fut soupçonné de sympathies jansénistes.

livre ouvert dans la main gauche

ZEGER BERNARD VAN ESPEN, professor of canon law at the University. In his most famous work on universal church law (1700, condemned in 1704), he made critical remarks about the church's legal system. He was suspected of having Jansenist sympathies.

open book in left hand

1854: Pierre Puyenbroeck
N 1976: Vandekerckhove Ingelmunster

Eli, zijn zonen, zijn dood [2]
Eli verneemt dat de Israëlieten door de Filistijnen zijn verslagen, dat zijn beide zonen zijn gesneuveld en dat de Ark van het Verbond door de vijand werd veroverd. Aangedaan valt hij van zijn stoel, breekt zijn nek en sterft.

Éli, ses fils, sa mort [2]
Éli apprend la nouvelle de la défaite des Israélites contre les Philistins, ainsi que le fait que ses deux fils ont été tués, tandis que l'Arche d'Alliance a été prise par l'ennemi. Il est tellement ému qu'il tombe de son siège, se brise la nuque et meurt.

Eli, his sons, his death [2]
When Eli hears that the Israelites have been defeated by the Philistines, that his two sons have been killed and that the Ark of the Covenant has been taken by the enemy, he is so upset that he falls from his chair, breaks his neck and dies.

➠ A22-**A23** 📖 1 Sam/1 S/1 Sam: 2,12-26; 4,1-18

A24 Martinus V

▶ Martinus V (Rome, 1368 – 1431), paus, verleende in december 1425 de toelating tot de oprichting van een *studium generale* met vier faculteiten: kerkelijk recht, burgerlijk recht, geneeskunde en artes.

👁 tiara en pallium, bul met zegel in linkerhand

▶ Martin V, pape, accorda en décembre 1425 la fondation d'un *studium generale* avec quatre facultés: le droit canon, le droit civil, la médecine et les arts.

👁 tiare et pallium, bulle avec sceau dans la main gauche

▶ Martin V, pope. In December 1425 he granted permission for the founding of a *studium generale* with four faculties in canon law, civil law, medicine and arts.

👁 tiara and pallium, bull with seal in left hand

⚒ 1854: Charles Geerts
N 1976: Alois Van Gool

Koning Saul [1]
De eedaflegging van Saul als koning.

Le roi Saül [1]
La prestation de serment de Saül comme roi.

King Saul [1]
The inauguration of Saul as King.

➠ **A24**-A25 1 Sam/1 S/1 Sam: 9; 10,27

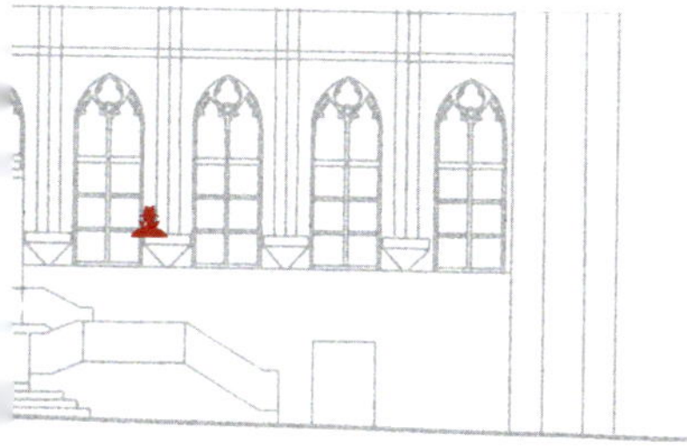

A25 Willem de Zadelaere

▶ WILLEM DE ZADELAERE († Leuven, 1397), kanunnik van de Sint-Geertruiabdij. Hij spoorde de Leuvense bevolking aan zich te verzetten tegen de bezetting van Leuven in 1356 door Lodewijk van Male, graaf van Vlaanderen.

▶ GUILLAUME DE ZADELAERE, chanoine de l'abbaye de Sainte-Gertrude. Il exhorta les Louvanistes de s'opposer à Louis de Male, comte de Flandre, qui avait occupé la ville (1356).

▶ WILLEM DE ZADELAERE, canon of St. Gertrude Abbey. Urged the people of Leuven to resist the occupation of Leuven by Louis de Male, Count of Flanders (1356).

⚒ 1854: Charles Geerts

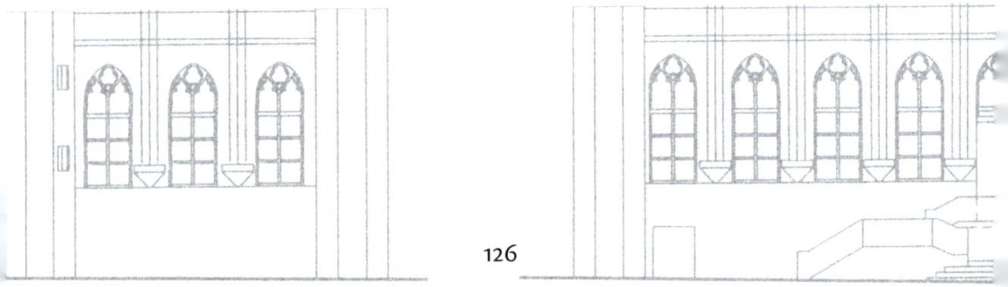

Koning Saul [2]
Het gespuis dat zich de vraag stelt of Saul hen daadwerkelijk kan redden, weigert hem als koning te erkennen.

Le roi Saül [2]
La populace se demande si Saül peut les sauver, et désavoue sa royauté.

King Saul [2]
The mob, doubtful that Saul could save them, refuse to recognize him as king.

➠ A24-**A25** 📖 1 Sam/1 S/1 Sam: 9; 10,27

A26

Lodewijk Elzevier

▶ LODEWIJK ELZEVIER (Leuven, ca. 1547 – Leiden, 1617), werkte bij Plantin in Antwerpen dat hij omwille van zijn protestantse overtuiging ontvluchtte. In Leiden werd hij de stamvader van het vermaarde drukkersgeslacht.

👁 drukpers, boek in linkerhand

▶ LOUIS ELZEVIER, imprimeur et éditeur. Il travailla chez Plantin à Anvers, qu'il quitta pour cause de ses convictions protestantes. A Leiden, il fut le fondateur de la célèbre dynastie d'imprimeurs.

👁 presse à imprimer, livre dans la main gauche

▶ LODEWIJK ELZEVIER, printer and publisher. He worked for Plantin in Antwerp, but had to flee the city because of his Protestant convictions. In Leiden he founded the famous printing dynasty.

👁 printing press, book in left hand

⚒ 1854: Charles Geerts
N 1976: Alois Van Gool

De kuise Susanna [1]

Tijdens het baden in de tuin van haar woonst, wordt de schone Susanna, vrouw van Jojakim, beloerd door twee geile oude mannen. Weigert ze hun avances, dan zullen ze haar beschuldigen van overspel met een jonge man. Haar hulpgeroep werkt averechts: de twee ouderlingen gaan over tot laster en aanklacht. Haar wacht de steniging.

La chaste Suzanne [1]

Pendant qu'elle se baigne dans le jardin de sa maison, la belle Suzanne, femme de Joachim, est guettée par deux vieillards impudiques. Si elle refuse leurs avances, ils l'accuseront d'adultère avec un jeune homme. Son cri de détresse tourne mal: les deux vieillards la calomnient et l'accusent. La lapidation l'attend.

The chaste Susanna [1]

As she bathes in her garden, the fair Susanna, Joakim's wife, is accosted by two lustful elders. They threaten to accuse her of adultery with a young man if she refuses their advances. Her call for help, however, has the opposite effect: the elders slander her and accuse her. Death by stoning awaits her.

➠ **A26**-A27 📖 Dan/Dn/Dan: 13

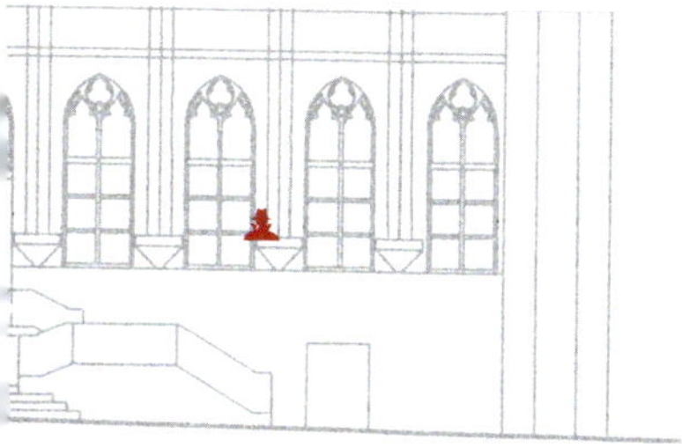

A27 Arnold vander Hofstadt

Arnold vander Hofstadt († Kortrijk, 1302), schepen die de Leuvenaars aanvoerde bij de Slag bij Woeringen (5 juni 1288). Hij sneuvelde in de Guldensporenslag (Kortrijk, 11 juli 1302).

zwaard en schild

Arnoul vander Hofstadt, échevin qui commanda les louvanistes dans la Bataille de Woeringen (1288). Il succomba pendant la Bataille des éperons d'or (Kortrijk, 1302).

épée et bouclier

Arnold vander Hofstadt, alderman and commander of the Leuven troops during the Battle of Woeringen (1288). He fell at the Battle of the Golden Spurs (Kortrijk, 1302).

sword and shield

1854: Charles Geerts

De kuise Susanna [2] (?)
Indien deze scène aansluit bij die van de vorige kraagsteen, dan zouden we hier het optreden van Daniël mogen zien. Hij trekt zich het lot van Susanna aan en stelt een onderzoek in. De twee ouderlingen worden door hem ondervraagd. Maar door hun tegenstrijdige verklaringen in verband met de boom waaronder zij Susanna hadden betrapt, tekenen zij hun doodvonnis.

La chaste Suzanne [2] (?)
Dans la mesure où cette scène a rapport au corbeau précédent, on pourrait y voir l'action de Daniel. Il se soucie du sort de Suzanne et entame une enquête. Il interroge les deux vieillards. Mais par leurs déclarations contradictoires concernant l'arbre où ils avaient pris Suzanne en flagrant délit, ils signent leur propre arrêt de mort.

The chaste Susanna [2] (?)
If this scene is, in fact, connected with the preceding one, what we see here is Daniel's intervention. Concerned about Susanna's fate, he starts an investigation and interrogates both elders. However, they sign their own death warrant with their contradictory statements about the tree under which they supposedly caught Susanna committing adultery.

➠ A26-**A27** Dan/Dn/Dan: 13

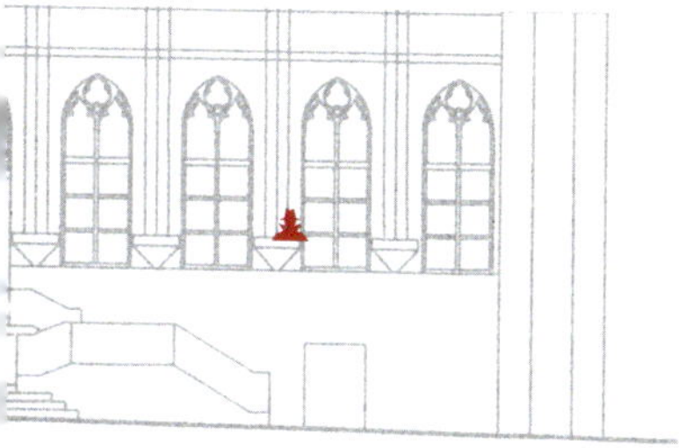

A28

Henricus Josephus Rega

▶ HENRICUS JOSEPHUS REGA (Leuven, 1690 – 1754), professor in de anatomie en rector van de Universiteit. Aan hem dankt de Universiteit en ook de stad onder meer een kruidtuin (1739, Kapucijnenvoer) en een anatomisch theater (1744, Minderbroedersstraat).

👁 schrijfveer in rechterhand, boek in linkerhand

▶ HENRI-JOSEPH REGA, professeur d'anatomie et recteur de l'Université. L'Université et la ville lui doivent entre autres le jardin botanique (1739, Kapucijnenvoer) et le théâtre anatomique (1744, Minderbroedersstraat).

👁 plume d'oie dans la main droite, livre dans la main gauche

▶ HENRICUS JOSEPHUS REGA, professor of anatomy and rector of the University. The University and the town are indebted to him for a botanical garden (1739, Kapucijnenvoer) and an anatomy theater (1744, Minderbroedersstraat), among other achievements.

👁 quill in right hand, book in left hand

⚒ 1854: Charles Geerts
N 1976: Vandekerckhove Ingelmunster

De cultus van Nebukadnessar, zijn waanzin [1]
Nebukadnessar II, koning van Babylonië, is, naast een geducht krijgsheer, de bouwer van schitterende paleizen en tempels. Zijn succes leidt tot een personencultus zonder weerga. Hij laat in Dura (Babylonië) een groot gouden beeld oprichten, waarvoor iedereen moet knielen.

Le culte de Nabuchodonosor, sa démence [1]
Nabuchodonosor II, roi de Babylone, n'est pas seulement connu comme un redoutable guerrier, mais aussi comme un grand bâtisseur de palais et de temples prestigieux. Son succès suscita un culte de sa personne sans pareil. Il fait dresser dans la plaine de Doura (Babylone) une énorme statue d'or devant laquelle tout le monde doit se prosterner.

The cult of Nebuchadnezzar, his madness [1]
Nebuchadnezzar II, King of Babylon, is known not only as a feared warrior but also as the builder of splendid palaces and temples. His triumphs inspired an unrivalled personal cult. He erects a huge golden statue in Dura (Babylon), which has to be worshipped by everyone.

➡ **A28**-A29 Dan/Dn/Dan: 3,1-7; 4,25-30

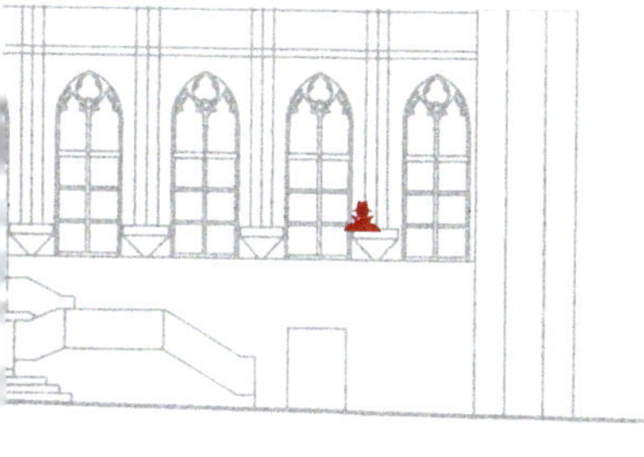

Erycius Puteanus

▶ ERYCIUS PUTEANUS / Eerrijk de Put (Venlo, 1574 – Leuven, 1646), historiograaf. Opvolger van Justus Lipsius (A17) aan de Universiteit. Auteur van een studie over de belegering van Leuven door de geallieerde Frans-Hollandse troepen in 1635, *De obsidione Lovaniensi* (Antwerpen, 1636).

👁 halsketting, document in linkerhand

▶ ERYCIUS PUTEANUS, historiographe. Successeur de Juste Lipse (A17) à l'Université. Auteur d'un ouvrage (1636) sur le Siège de Leuven par les troupes alliées franco-hollandaises en 1635.

👁 collier, document dans la main gauche

▶ ERYCIUS PUTEANUS, historian. Succeeded Justus Lipsius (A17) at the University. Author of a study (1636) on the Siege of Leuven by the allied French and Dutch troops in 1635.

👁 chain, document in left hand

⚒ 1854: Charles Geerts
N 1976: Vandekerckhove Ingelmunster

▶ **De cultus van Nebukadnessar, zijn waanzin [2]**
Nebukadnessar wordt getroffen door waanzin. Op de kraagsteen wordt die zeer realistisch weergegeven: hij is behaard als een wild beest en vertoeft in het gezelschap van een aap, een hert, een varken en een leeuw. Voor de joden een welverdiende straf van de Heer voor zijn buitensporige ijdelheid en afgodendienst.

▶ **Le culte de Nabuchodonosor, sa démence [2]**
Nabuchodonosor est frappé de démence. Sur le corbeau, cette maladie est présentée d'une manière très réaliste: le corps du roi est recouvert de poils, comme une bête sauvage. Il est entouré d'un singe, d'un cerf, d'un porc et d'un lion. Pour les juifs, c'est une punition bien méritée de Dieu pour sa vanité et son idolâtrie excessives.

▶ **The cult of Nebuchadnezzar, his madness [2]**
Nebuchadnezzar is stricken with madness. This is depicted in a very realistic scene on the corbel: he is covered with hair, like a wild beast, and is accompanied by a monkey, a deer, a pig and a lion. The Jews consider this a just punishment by the Lord for his excessive vanity and idolatry.

➠ A28-**A29** 📖 Dan/Dn/Dan: 3,1-7; 4,25-30

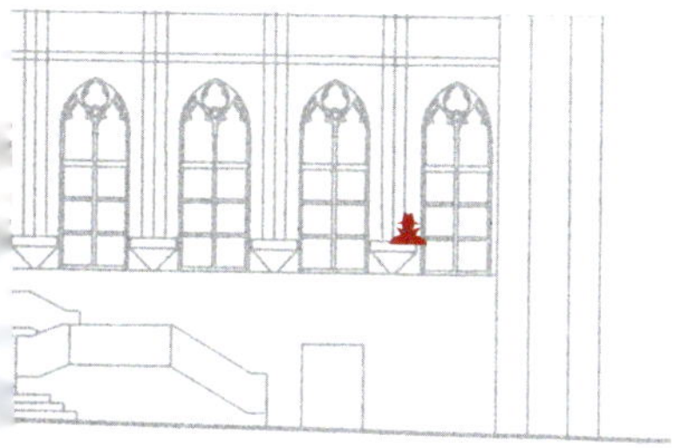

A30 Joannes Molanus

▶ JOANNES MOLANUS / Jan Vermeulen (Rijsel, 1533 – Leuven, 1585), professor in de theologie aan de Universiteit. Auteur van belangrijke studies over heiligen en hun iconografie, uitgegeven te Leuven tussen 1568 en 1594. Hij schreef ook een geschiedenis van Leuven, *Historiae Lovaniensium libri XIV* (eerste uitgave: Leuven, 1861).

👁 schrijfveer in rechterhand, boek in linkerhand

▶ JOANNES MOLANUS, professeur de théologie à l'Université. Auteur d'études importantes de saints et de leur iconographie, éditées à Leuven entre 1568 et 1594. Il écrivit une histoire de Leuven.

👁 plume d'oie dans la main droite, livre dans la main gauche

▶ JOANNES MOLANUS, professor of theology at the University. Author of important studies about the saints and their iconography, published in Leuven between 1568-1594. He also wrote a history of Leuven.

👁 quill in right hand, book in left hand

⚒ Michel Abeloos
R 1982: Alois Van Gool

Koning David [1]
David, koning van Juda en Israël, trekt ten strijde tegen de Filistijnen die hij een zware nederlaag toebrengt.

Le roi David [1]
David, roi de Juda et d'Israël, part en guerre contre les Philistins auxquels il inflige une grave défaite.

King David [1]
David, King of Judah and of Israel, campaigns against the Philistines and defeats them severely.

➠ **A30**-A31 📖 2 Sam/2 S/2 Sam: 5,6-10

A31 Philippus Verheyen

▸ PHILIPPUS VERHEYEN (Verrebroek, 1648 – Leuven, 1710), professor in de anatomie en de chirurgie aan de Universiteit. Auteur van een werk over de anatomie van het menselijk lichaam, *Corporis humani anatomia* (Leuven, 1693), dat talrijke uitgaven en vertalingen kende.

boek in rechterhand, knook in linkerhand

▸ PHILIPPE VERHEYEN, professeur d'anatomie et de chirurgie à l'Université. Auteur d'un ouvrage sur l'anatomie du corps humain (1693) qui connut de nombreuses éditions et traductions.

livre dans la main droite, os dans la main gauche

▸ PHILIPPUS VERHEYEN, professor of anatomy and surgery at the University. Author of a study on the anatomy of the human body (1693), which has gone through many translations and editions.

book in right hand, bone in left hand

⚒ Michel Abeloos

Koning David [2]
David verovert de bergvesting van Sion. Hij vestigt er zich en noemt ze 'Davidsburcht'.

Le roi David [2]
David s'empart de la forteresse de Sion. Il s'y établit et l'appelle 'Cité de David'.

King David [2]
David conquers the mountain stronghold of Sion. He settles there and calls it the 'City of David'.

➡ A30-**A31** 📖 2 Sam/2 S/2 Sam: 5,6-10

A32 Willem Boonen

WILLEM BOONEN (Leuven, ca. 1547/48 – 1618), stadsambtenaar. Auteur van *Een cort verhael of memorie boeck van den hertoghen van Brabant, van den ouderdom der stadt van Loven, van de seven oude originele geslachten der selver stadt ende haere Sinte Peetersmannen* (1593-1594. Eerste uitgave: Leuven, 1880).

schrijfveer in rechterhand, opengeslagen boek in linkerhand

GUILLAUME BOONEN, fonctionnaire de la ville. Auteur d'une histoire de Leuven (1593-1594).

plume d'oie dans la main droite, livre ouvert dans la main gauche

WILLEM BOONEN, municipal officer. Author of a history of Leuven (1593-1594).

quill in right hand, open book in left hand

Michel Abeloos

▸ **Tien episodes uit het leven van koning Salomo [1]**
Salomo, zoon en opvolger van koning David, zit op de koningstroon en wordt door zijn hovelingen gelukgewenst.

▸ **Dix épisodes de la vie du roi Salomon [1]**
Salomon, fils et successeur du roi David, assis sur le trône royal, est félicité par les hommes de cour.

▸ **Ten episodes from the life of King Solomon [1]**
Solomon, son and successor of King David, is seated on the royal throne and is being congratulated by his courtiers.

➠ **A32**-A33-A34-A35-A36-A37-A38-A39-A40-A41 📖 1 Kon/1 R/1 Kings: 1,43-47; 3,9-12; 5,1; 6-7; 9,6-9; 11,1-13; 1 Kron/1 Ch/1 Chron: 29,20-24

A33 Henricus Gravius

▶ HENRICUS GRAVIUS / Hendrik De Grave (Leuven, 1536 – Rome, 1591), kanunnik van de Sint-Pieterskerk en professor in de theologie aan de Universiteit. Zoon van de Leuvense drukker-uitgever Bartholomeus Gravius.

opengeslagen boek in linkerhand

▶ HENRICUS GRAVIUS, chanoine de l'église Saint-Pierre et professeur de théologie à l'Université. Il était le fils de l'imprimeur et éditeur louvaniste Barthélemy Gravius.

livre ouvert dans la main gauche

▶ HENRICUS GRAVIUS, canon of St. Peter's Church and professor of theology at the University. Son of the Leuven printer and publisher, Bartholomew Gravius.

open book in left hand

Michel Abeloos

▶ **Tien episodes uit het leven van koning Salomo [2]**
Salomo smeekt de Heer om wijsheid.

▶ **Dix épisodes de la vie du roi Salomon [2]**
Salomon implore de Dieu la sagesse.

▶ **Ten episodes from the life of King Solomon [2]**
Solomon begs the Lord for wisdom.

➠ A32-**A33**-A34-A35-A36-A37-A38-A39-A40-A41 📖 1 Kon/1 R/1 Kings: 1,43-47; 3,9-12; 5,1; 6-7; 9,6-9; 11,1-13; 1 Kron/1 Ch/1 Chron: 29,20-24

A34 Willem van Rode

- **Willem van Rode** († Leuven, 1391), ridder en lid van de stadsraad.

  zwaard en schild

- **Guillaume van Rode**, chevalier et membre du conseil municipal.

  épée et bouclier

- **Willem van Rode**, knight and member of the city council.

  sword and shield

Michel Abeloos
R 1982: Louis Gérard

▶ **Tien episodes uit het leven van koning Salomo [3]**
Salomo wordt voor de tweede maal tot koning uitgeroepen en wordt gezalfd.

▶ **Dix épisodes de la vie du roi Salomon [3]**
Salomon est proclamé roi pour la deuxième fois et est oint.

▶ **Ten episodes from the life of King Solomon [3]**
For the second time, Solomon is proclaimed king and is anointed.

➠ A32-A33-**A34**-A35-A36-A37-A38-A39-A40-A41 📖 1 Kon/1 R/1 Kings: 1,43-47; 3,9-12; 5,1; 6-7; 9,6-9; 11,1-13; 1 Kron/1 Ch/1 Chron: 29,20-24

A35 Petrus Heyme

▶ Petrus Heyme († Leuven, 1422), patriciër en weldoener. Stichter van het tehuis *De Twaalf Apostelen*, voor twaalf behoeftige oude mannen (1422).

👁 document in beide handen

▶ Pierre Heyme, patricien et bienfaiteur. Fondateur de l'hospice des *Douze Apôtres*, pour douze vieillards infirmes (1422).

👁 document tenu dans les deux mains

▶ Petrus Heyme, patrician and benefactor. Founder of the home of the *Twelve Apostles*, for twelve infirm old men (1422).

👁 document in both hands

⚒ Léopold Raynaud

Tien episodes uit het leven van koning Salomo [4]
Salomo laat zijn paleis en de tempel bouwen.

Dix épisodes de la vie du roi Salomon [4]
Salomon fait construire son palais et le temple.

Ten episodes from the life of King Solomon [4]
Solomon builds his palace and the Temple.

➠ A32-A33-A34-**A35**-A36-A37-A38-A39-A40-A41 📖 1 Kon/1 R/1 Kings: 1,43-47; 3,9-12; 5,1; 6-7; 9,6-9; 11,1-13; 1 Kron/1 Ch/1 Chron: 29,20-24

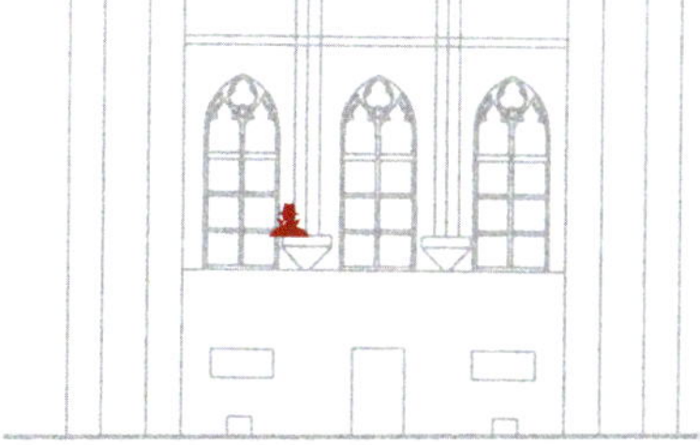

A36

Joannes Keynooghe

Joannes Keynooghe († Leuven, 1460), patriciër en weldoener. Stichter van het tehuis *Zeven Slapers*, voor zeven oude mannen (1439).

👁 document in rechterhand

Jean Keynooghe, patricien et bienfaiteur. Fondateur de l'hospice des *Sept Dormeurs*, pour sept vieillards (1439).

👁 document dans la main droite

Joannes Keynooghe, patrician and benefactor. Founder of the refuge of the *Seven Sleepers*, for seven old men (1439).

👁 document in right hand

⚒ Léopold Raynaud
R 1982: Louis Gérard

Tien episodes uit het leven van koning Salomo [5]
Salomo int schattingen.

Dix épisodes de la vie du roi Salomon [5]
Salomon perçoit les impôts.

Ten episodes from the life of King Solomon [5]
Solomon collects the taxes.

➠ A32-A33-A34-A35-**A36**-A37-A38-A39-A40-A41 📖 1 Kon/1 R/1 Kings: 1,43-47; 3,9-12; 5,1; 6-7; 9,6-9; 11,1-13; 1 Kron/1 Ch/1 Chron: 29,20-24

A37 Jan vander Merckt

▶ JAN VANDER MERCKT (Leuven, 15de eeuw), rijke hoefsmid en weldoener. Stichter van een opvangtehuis voor vondelingen (1441).

👁 boek in rechterhand

▶ JEAN VANDER MERCKT, un riche maréchal ferrant et bienfaiteur. Fondateur d'un asile pour enfants trouvés (1441).

👁 livre dans la main droite

▶ JAN VANDER MERCKT, a rich farrier and benefactor. Founder of a shelter for foundlings (1441).

👁 book in right hand

⚒ Emile Godts

Tien episodes uit het leven van koning Salomo [6]
Salomo is gehuwd met de dochter van de Egyptische farao. Bovendien beschikt hij over honderden buitenlandse vrouwen. Op zijn oude dag verleiden ze hem tot de cultus van hun eigen goden. Een zware overtreding. Grappig is het tafereel waarbij hij door een van zijn vrouwen bij de baard wordt getrokken.

Dix épisodes de la vie du roi Salomon [6]
Salomon, marié à la fille du pharaon d'Égypte, dispose en outre de centaines de femmes étrangères. Dans ses vieux jours, elles le séduisent pour le culte de leurs propres dieux, ce qui est une offense des plus graves. La représentation d'une de ses femmes qui lui tire la barbe est assez amusante.

Ten episodes from the life of King Solomon [6]
Solomon is married to the Pharaoh's daughter, but also has hundreds of other foreign wives and concubines. In his old age they tempt him into worshipping the cult of their own gods, which is a serious offence. One of his wives drags him by the beard in this rather amusing scene.

A32-A33-A34-A35-A36-**A37**-A38-A39-A40-A41 1 Kon/1 R/1 Kings: 1,43-47; 3,9-12; 5,1; 6-7; 9,6-9; 11,1-13; 1 Kron/1 Ch/1 Chron: 29,20-24

A38 Lodewyck van Heylwegen

▶ LODEWYCK VAN HEYLWEGEN (Leuven, ca. 1485 – Gent, 1556), ridder, voorzitter van de Raad van Vlaanderen, weldoener. Stichter van een tehuis voor zeven oude mannen (1556).

👁 handschoenen in linkerhand

▶ LOUIS VAN HEYLWEGEN, chevalier, président du Conseil de Flandre, bienfaiteur. Fondateur d'un foyer pour sept vieillards (1556).

👁 gants dans la main gauche

▶ LODEWYCK VAN HEYLWEGEN, knight, president of the Council of Flanders, benefactor. Founder of a home for seven old men (1556).

👁 gloves in left hand

⚒ Emile Godts

Tien episodes uit het leven van koning Salomo [7]
De Heer waarschuwt Salomo: '*Maar mochten jullie of je nakomelingen je van mij afwenden en je niet houden aan de geboden en bepalingen die ik jullie heb opgelegd, en in plaats daarvan andere goden gaan vereren, dan zal ik de Israëlieten verdrijven van het grondgebied dat ik hun gegeven heb en wil ik niets meer weten van deze Tempel, die ik voor mijn naam heb geheiligd. Israël zal dan bij alle volken het mikpunt worden van hoon en spot*'.

Dix épisodes de la vie du roi Salomon [7]
Dieu prévient Salomon: '*Si vous m'abandonnez, vous et vos fils, si vous n'observez pas les commandements et les lois que je vous ai proposés, si vous allez servir d'autres dieux et leur rendez hommage, alors je retrancherai Israël du pays que je lui ai donné; ce Temple que j'ai consacré à mon Nom, je le rejetterai de ma présence, et Israël sera la fable et la risée de tous les peuples*'.

Ten episodes from the life of King Solomon [7]
The Lord warns Solomon: '*But if you turn away from me, either you or your descendants, and instead of keeping my commandments and laws which I have laid down for you, you go and serve other gods and worship them, then I shall banish Israel from the country which I have given them, and shall disown this Temple which I have consecrated for my name, and Israel will be a proverb and a byword among all peoples*'.

➠ A32-A33-A34-A35-A36-A37-**A38**-A39-A40-A41 📖 1 Kon/1 R/1 Kings: 1,43-47; 3,9-12; 5,1; 6-7; 9,6-9; 11,1-13; 1 Kron/1 Ch/1 Chron: 29,20-24

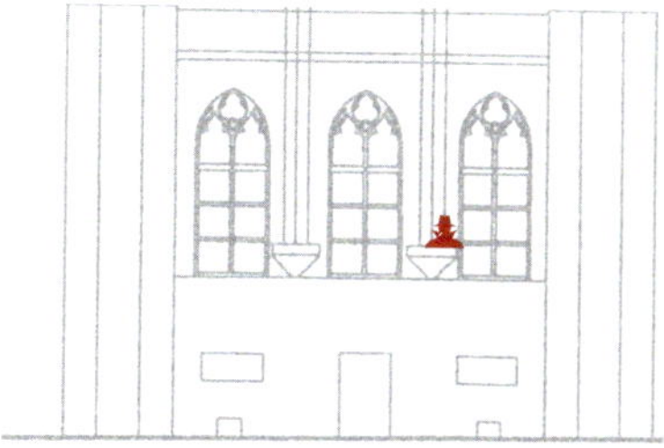

A39 Lodewijk van Schore

▶ Lodewijk van Schore (Leuven, 1492 – 1548), professor in de rechten aan de Universiteit. Hij had zitting in de Grote Raad, de Raad van State en de Geheime Raad. Hij stichtte universitaitre beurzen en werd in 1540 door Karel V (D27) tot ridder geslagen.

👁 boek met twee sloten in linkerhand

▶ Louis van Schore, professeur de droit à l'Université. Il siégeait au Grand Conseil, au Conseil d'État et au Conseil Secret. Il fonda des bourses d'études universitaires et reçut en 1540 l'accolade de Charles Quint (D27).

👁 livre avec deux serrures dans la main gauche

▶ Lodewijk van Schore, professor of law at the University. He had a seat on the Great Council, the Council of State, and the Secret Council. He established a number of university scholarships and was knighted by Charles V (D27) in 1540.

👁 book with two locks in left hand

⚒ Jean Cuypers

Tien episodes uit het leven van koning Salomo [8]
Het oordeel van koning Salomo [1] Twee publieke vrouwen, woonachtig in hetzelfde huis, bevallen van een zoon. Eén van de vrouwen ontdekt dat haar kind kort na de geboorte overleden is. Ze wisselt de twee baby's om. Vandaar een hopeloze twist tussen de twee moeders.

Dix épisodes de la vie du roi Salomon [8]
Le jugement du roi Salomon [1] Deux prostituées, vivant sous le même toit, accouchent d'un fils. Une des deux femmes découvre que son enfant est décédé peu après sa naissance. Elle échange les deux bébés. De là une querelle désespérée entre les deux mères.

Ten episodes from the life of King Solomon [8]
The judgement of King Solomon [1] Two prostitutes, living under the same roof, give birth to a son. One of the women finds out that her child died shortly after birth and switches the two babies. A desperate quarrel ensues between the two women.

A32-A33-A34-A35-A36-A37-A38-**A39**-A40-A41 1 Kon/1 R/1 Kings: 1,43-47; 3,9-12; **3,16-28**; 5,1; 6-7; 9,6-9; 11,1-13; 1 Kron/1 Ch/1 Chron: 29,20-24

A40 Joannes Caligator

▶ JOANNES CALIGATOR / Jan Kousmaker (Leuven, 14de eeuw), studeerde theologie aan de Parijse universiteit. Hij was kanunnik van de Sint-Pieterskerk te Leuven en de O.-L.-Vrouwkathedraal te Antwerpen. Hij verwierf enige bekendheid met moraliserend dichtwerk.

lauwerkrans, schrijfveer in rechterhand, boek in linkerhand

▶ JEAN CALIGATOR, étudia la théologie à l'université de Paris. Il fut chanoine de l'église Saint-Pierre à Leuven et de la cathédrale Notre-Dame à Antwerpen. Il reçut quelque notoriété par ses poèmes moralisateurs.

couronne de lauriers, plume d'oie dans la main droite, livre dans la main gauche

▶ JOANNES CALIGATOR, studied theology at the University of Paris. He was Canon of St. Peter's Church in Leuven and of the Cathedral of Our Lady in Antwerpen. He gained some fame for his moralizing poetry.

laurel wreath, quill in right hand, book in left hand

⚒ Jean Cuypers

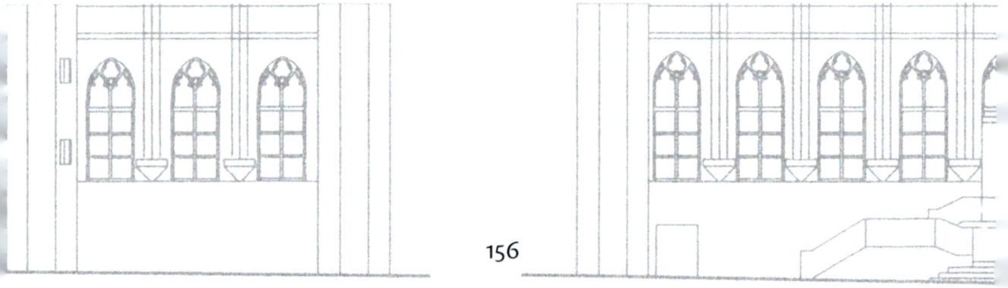

Tien episodes uit het leven van koning Salomo [9]
Het oordeel van koning Salomo [2] De zaak komt voor bij koning Salomo. Hij beveelt het levende kind in twee te hakken en het op die manier letterlijk te verdelen tussen de ruziënde vrouwen. Maar de echte moeder smeekt het kind te sparen en het liever aan de andere vrouw toe te wijzen.

Dix épisodes de la vie du roi Salomon [9]
Le jugement du roi Salomon [2] L'affaire est soumise au roi Salomon. Il ordonne de couper l'enfant vivant en deux, afin de le partager ainsi littéralement entre les deux mères. Mais la vraie mère implore qu'on ne le tue pas et qu'on l'adjuge plutôt à l'autre femme.

Ten episodes from the life of King Solomon [9]
The judgement of King Solomon [2] The case is brought before King Solomon. He orders the living child to be cut in two and literally divided between the quarrelling women. But the real mother implores him to spare the child and, if need be, to give it to the other woman.

➠ A32-A33-A34-A35-A36-A37-A38-A39-**A40**-A41 1 Kon/1 R/1 Kings: 1,43-47; 3,9-12; **3,16-28**; 5,1; 6-7; 9,6-9; 11,1-13; 1 Kron/1 Ch/1 Chron: 29,20-24

Jan Baptist Staes

▶ JAN BAPTIST STAES (Leuven, 1737 – 1813), notaris, procureur, ontvanger. Samensteller en uitgever van het *Wekelyks nieuws uit Loven* (1773-1789).

👁 document in linkerhand

▶ JEAN-BAPTISTE STAES, notaire, procureur et receveur. Rédacteur et éditeur d'un bulletin hebdomadaire de Leuven (1773-1789).

👁 document dans la main gauche

▶ JAN BAPTIST STAES, notary, prosecutor and tax collector. Editor and publisher of a weekly news bulletin in Leuven (1773-1789).

👁 document in left hand

⚒ Henri & Joseph Goyers
R 1982: Louis Gérard

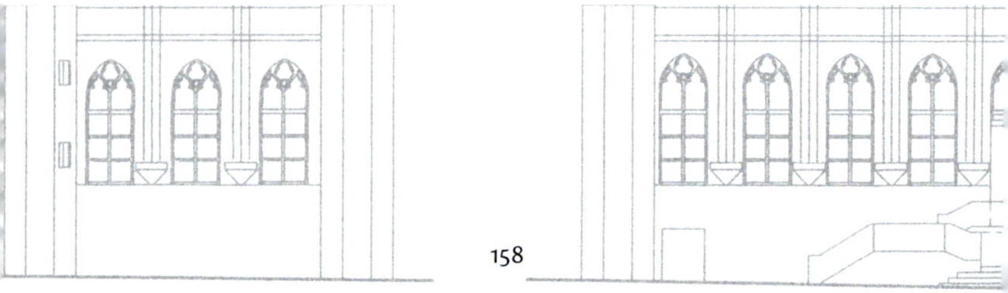

Tien episodes uit het leven van koning Salomo [1]
Het oordeel van koning Salomo [3] De valse moeder wordt ontmaskerd en naar de gevangenis verwezen.

Dix épisodes de la vie du roi Salomon [1]
Le jugement du roi Salomon [3] La fausse mère est démasquée et renvoyée en prison.

Ten episodes from the life of King Solomon [1]
The judgement of King Solomon [3] The false mother is exposed and sent to jail.

A32-A33-A34-A35-A36-A37-A38-**A39**-**A40**-**A41** 1 Kon/1 R/1 Kings: 1,43-47; 3,9-12; **3,16-28**; 5,1; 6-7; 9,6-9; 11,1-13; 1 Kron/1 Ch/1 Chron: 29,20-24

Geldrop Gortzius

▸ GELDROP GORTZIUS (Leuven, 1553 – Keulen, ca. 1616), schilder. Hij kreeg zijn artistieke opleiding in Antwerpen bij Frans I Francken en Frans Pourbus *de Oudere*. Hij muntte uit in de portretkunst. Aan hem wordt een *Laatste Avondmaal* toegeschreven dat sinds 1975 tot het kunstpatrimonium van de KU Leuven behoort.

👁 schilderspalet in linkerhand

▸ GELDROP GORTZIUS, peintre. Il eût sa formation artistique chez les peintres anversois François I Francken et François Pourbus *le Vieux*. Il excella dans l'art du portrait. On lui attribue une *Cène* qui fait partie du patrimoine artistique de la KU Leuven depuis 1975.

👁 palette dans la main gauche

▸ GELDROP GORTZIUS, painter. He was educated in Antwerpen by Frans Francken I and Frans Pourbus *the Elder*. He excelled as a portrait painter. The *Last Supper* is attributed to him, a painting that has been part of the KU Leuven's art collection since 1975.

👁 palette in left hand

⚒ Léon van Emelen

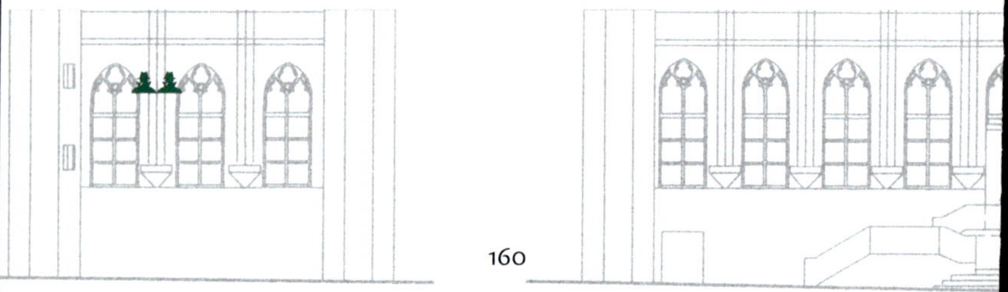

Gregorius Bertolfs

B2

▸ GREGORIUS BERTOLFS (Leuven, 1484 – Leeuwarden, 1528), rechtsgeleerde en magistraat. Als voorzitter van de Provinciale Raad van Friesland bundelde hij in 1527 de Friese wetten.

👁 ontvouwen document in beide handen

▸ GRÉGOIRE BERTOLFS, juriste et magistrat. En tant que président du Conseil Provincial de la Frise, il codifia, en 1527, les lois frisonnes.

👁 document déployé dans les deux mains

▸ GREGORIUS BERTOLFS, jurist and magistrate. In 1527, as chairman of the Provincial Council of Friesland, he compiled the laws of Friesland.

👁 unrolled scroll in both hands

⚒ Léon van Emelen

Otto van de Putte

Otto van de Putte (Leuven, ca. 1450 – 1490), beeldsnijder en krijgsman. Samen met zijn stadsgenoten, onder leiding van meier Lodewijk Pinnock, streed hij met de Luikenaars die de moord op hun prins-bisschop, Louis de Bourbon, wilden wreken, en veroverde hij de vijandelijke vlag.

vaandel in rechterhand

Othon van de Putte, sculpteur et guerrier. Sous la conduite du bailli Louis Pinnock, il combattit avec ses concitoyens aux côtés des Liégeois qui voulurent venger la mort de leur prince-évêque, Louis de Bourbon, et s'empara de la bannière ennemie.

étendard dans la main droite

Otto van de Putte, sculptor and warrior. Together with his fellow townspeople under the leadership of bailiff Lodewijk Pinnock, he fought with the people of Liège (who wanted to revenge the death of their prince-bishop, Louis of Bourbon) and he captured the enemy's standard.

standard in right hand

⚒ Henri Wynants

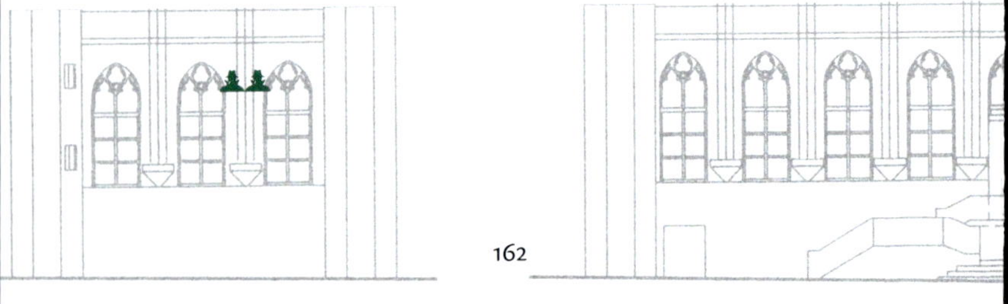

Jan Baptist Gramaye

B4

- **Jan Baptist Gramaye** (Antwerpen, 1579 – Lübeck, 1635), professor aan de artesfaculteit en koninklijk historiograaf. Auteur van een geschiedenis van Leuven, *Antiquitates illustrissimi ducatus Brabantiae – Lovanium Brabantiae Metropolis* (Brussel, 1610).

  👁 schrijfveer in rechterhand, boek in linkerhand

- **Jean-Baptiste Gramaye**, professeur à la faculté des arts et historiographe royal. Auteur d'une histoire de Leuven (1610).

  👁 plume d'oie dans la main droite, livre dans la main gauche

- **Joannes Baptista Gramaye**, professor at the Arts Faculty and royal historian. Author of a history of Leuven (1610).

  👁 quill in right hand, book in left hand

⚒ Henri Wynants

B5 Nicolaes de Keersmaecker

▸ NICOLAES DE KEERSMAECKERE († Leuven, 1467), burgemeester uit de patriciërs ten tijde van de eerste steenlegging van het stadhuis (1448).

👁 document in linkerhand

▸ NICOLAES DE KEERSMAECKERE, bourgmestre des patriciens en fonction lors de la pose de la première pierre de l'hôtel de ville (1448).

👁 document dans la main gauche

▸ NICOLAES DE KEERSMAECKERE, mayor of the patricians at the time the foundation stone of the Town Hall was laid (1448).

👁 document in left hand

⚒ 1858: Michel Abeloos
N 1975: Vandekerckhove Ingelmunster

Viglius Zuichemus ab Aytta

B6

- VIGLIUS ZUICHEMUS AB AYTTA (bij Wirdum in Friesland, 1507 – Brussel, 1577), rechtsgeleerde, raadsheer van Karel V (D27). Na het overlijden van zijn vrouw liet hij zich tot priester wijden. In 1567-1569 stichtte hij het naar hem genoemde *Vigliuscollege*, bestemd voor studenten uit Friesland.

  👁 document in rechterhand

- VIGLIUS ZUICHEMUS AB AYTTA, juriste, conseiller de Charles Quint (D27). Après le décès de sa femme, il se fit ordonner prêtre. Il fonda le *Collège Viglius* (1567-1569) destiné aux étudiants originaires de la Frise.

  👁 document dans la main droite

- VIGLIUS ZUICHEMUS AB AYTTA, jurist, counsellor of Charles V (D27). After the death of his wife he was ordained a priest. He founded *Viglius College* (1567-1569), which was intended for students from Friesland.

  👁 document in right hand

⚒ 1858: Michel Abeloos
N 1975: Vandekerckhove Ingelmunster

B7 Petrus Stockmans

PETRUS STOCKMANS (Antwerpen, 1608 – Brussel, 1677), professor in het burgerlijk recht aan de Universiteit en docent Grieks aan het *Collegium Trilingue*. In zijn *Tractatus de jure devolutionis* (Brussel, 1666) bestreed hij de aanspraken van Lodewijk XIV op de Zuidelijke Nederlanden.

schrijfveer in rechterhand, boek in linkerhand

PIERRE STOCKMANS, professeur de droit civil à l'Université, et enseignant le grec au *Collegium Trilingue*. Dans son traité du droit de dévolution (1666) il contesta les revendications de Louis XIV sur les Pays-Bas méridionaux.

plume d'oie dans la main droite, livre dans la main gauche

PETRUS STOCKMANS, professor of civil law at the University and lecturer in Greek at the *Collegium Trilingue*. In his treatise on the law of devolution (1666) he contested the claims of Louis XIV to the Southern Netherlands.

quill in right hand, book in left hand

1858: Michel Abeloos

Adrianus Romanus

B8

- ADRIANUS ROMANUS / Adriaan van Roomen (Antwerpen, 1561-Mainz, 1615), professor in de wiskunde en de geneeskunde aan de Universiteit (1583-1593), daarna aan de Universiteit van Würzburg.

  👁 boek met meetinstrument in rechterhand

- ADRIEN ROMAIN, professeur de mathématiques et de médecine à l'Université, puis à l'Université de Würzburg.

  👁 livre et instrument d'arpentage dans la main droite

- ADRIANUS ROMANUS, professor of mathematics and medicine at the University, and later at the University of Würzburg.

  👁 book with measuring instrument in right hand

⚒ 1858: Henri & Joseph Goyers
N 1975: Louis Gérard

B9 Hubert Stuerbout

HUBERT STUERBOUT († Leuven, 1481), schilder die vaak werd verward met Dieric Bouts (A13). De vroegste vermelding van zijn naam dateert van 1439. Hij leverde schilderwerk voor de Sint-Pieterskerk en de Parkabdij Heverlee (1445) en tekende modellen voor de kraagstenen van het stadhuis. Vanaf 1454 was hij stadsmeester-schilder.

kraagsteen met afbeelding van engel in rechterhand, passer in linkerhand

HUBERT STUERBOUT, peintre qui souvent fut confondu avec Thierry Bouts (A13). La première mention de son nom date de 1439. Il a peint à l'église Saint-Pierre et à l'abbaye de Park Heverlee (1445) et dessina des modèles pour les corbeaux de l'hôtel de ville. Dès 1454, il fût maître-peintre de la ville.

corbeau avec représentation d'un ange dans la main droite, compas dans la main gauche

HUBERT STUERBOUT, painter who often was confused with Dieric Bouts (A13). The earliest mention of his name dates from 1439. He made paintings for St. Peter's Church and Park Abbey Heverlee (1445) and drew models for the corbels of the Town Hall. In 1454 he was appointed master painter of Leuven.

corbel with representation of an angel in right hand, compass in left hand

1858: Henri & Joseph Goyers
N 1975: Vandekerckhove Ingelmunster

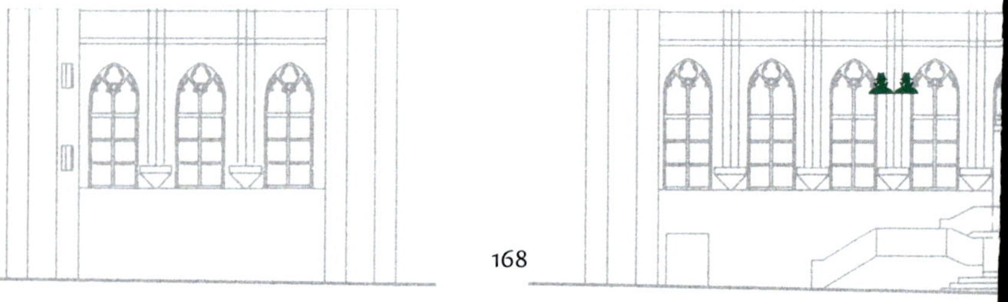

Josse Metsys

B10

Josse Metsys (Leuven, ca. 1463 – 1530), smid, uurwerkmaker en architect. Broer van Quinten Metsys (A10). Hij realiseerde in 1524 een maquette van het voorziene torencomplex van de Sint-Pieterskerk, die nu in het zuidertransept van de kerk staat. Zijn schoonzoon Jan Beyaert, beeldsnijder, en zijn dochter Catharina, werden in een ketterproces van 1543 ter dood veroordeeld: Jan werd onthoofd, Catharina werd levend begraven.

werktuig in rechterhand, document in linkerhand

Josse Metsys, ferronnier, horloger et architecte. Frère de Quentin Metsys (A10). Il réalisa, en 1524, une maquette de l'ensemble de tours prévue pour l'église Saint-Pierre qui se trouve dans le transept sud. Son beau-fils Jean Beyaert, sculpteur et sa fille Catharina furent, lors d'un procès d'hérétiques, condamnés à mort en 1543. Jean fut décapité, Catharina fut enterrée vivante.

outil dans la main droite, document dans la main gauche

Josse Metsys, blacksmith, watchmaker and architect. Brother of Quentin Metsys (A10). In 1524 he created a model of the tower complex planned for St. Peter's, which is now to be found in the south transept of the church. His son-in-law John Beyaert, a sculptor, and his daughter Catharina were sentenced to death for heresy in 1543: John was beheaded, and Catharina was buried alive.

tool in right hand, document in left hand

1858: Henri & Joseph Goyers
N 1975: Vandekerckhove Ingelmunster

B11

Dirk Martens

▶ DIRK MARTENS (Aalst, ca. 1446 – 1534), drukker-uitgever van het eerste boek in de Nederlanden. Hij verbleef tweemaal in Leuven (1497-1501, 1512-1529). Als *Magister impressoriae artis* of 'meester in de drukkunst' bezorgde hij de eerste uitgave van *Utopia* (Leuven, 1516) van de Engelse humanist Thomas More.

👁 document in beide handen

▶ THIERRY MARTENS, imprimeur-éditeur du premier livre aux Pays-Bas. Il résida deux fois à Leuven (1497-1501, 1512-1529). En tant que 'maître en l'art d'imprimer', il procura la première édition de l'*Utopia* (1516) de l'humaniste anglais Thomas More.

👁 document dans les deux mains

▶ DIRK MARTENS, printer and publisher of the first book to appear in the Low Countries. He stayed twice in Leuven (1497-1501, 1512-1529). As 'master in the art of printing', he was responsible for the first edition of *Utopia* (1516) by the English humanist, Thomas More.

👁 document in both hands

⚒ 1858: Henri & Joseph Goyers
R 1975: Alois Van Gool

Cornelius Gemma

B12

- CORNELIUS GEMMA (Leuven, 1535 – 1579), filosoof en professor in de wiskunde en de geneeskunde aan de Universiteit.

  opengeslagen boek in linkerhand

- CORNEILLE GEMMA, philosophe et professeur de mathématiques et de médecine à l'Université.

  livre ouvert dans la main gauche

- CORNELIUS GEMMA, philosopher and professor of mathematics and medicine at the University.

  open book in left hand

1858: Henri & Joseph Goyers
N 1975: Vandekerckhove Ingelmunster

B13 Maria van Brabant

MARIA VAN BRABANT (1254 – 1321), dochter van Hendrik VI (D12) en Aleidis van Bourgondië (D13). Tweede echtgenote van Filips III de Stoute, koning van Frankrijk. Als koningin werd zij valselijk beschuldigd van moord op een kind van haar gemaal, maar door haar broer Jan I (D14) van de brandstapel gered.

👁 kroon, scepter in rechterhand

MARIE DE BRABANT, fille d' Henri VI (D12) et d'Adélaïde de Bourgogne (D13). Deuxième épouse de Philippe III le Hardi, roi de France. En tant que reine, elle fut abusivement accusée de meurtre sur un enfant de son mari, mais sauvée de l'échafaud par son frère Jean I (D14).

👁 couronne, sceptre dans la main droite

MARIE OF BRABANT, daughter of Henry VI (D12) and Adelaide of Burgundy (D13). Second wife of Philip III the Bold, King of France. As queen she was falsely accused of murdering one of her husband's children, but was saved from being burned at the stake by her brother John I (D14).

👁 crown, sceptre in right hand

⚒ 1858: Séverin Van Aerschodt

Cornelius Jansenius

▸ Cornelius Jansenius / Cornelius Jansen (Leerdam, 1585 – Ieper, 1638), professor in de theologie en rector van de Universiteit. Bisschop van Ieper (1635). Auteur van het posthuum uitgegeven werk *Augustinus* (Leuven, 1640) waarin de verhouding genade-vrije wil wordt behandeld. Het gaf, ongewild door Jansenius, aanleiding tot het zogenoemde jansenisme.

👁 schrijfveer in rechterhand, opengeslagen boek in linkerhand

▸ Corneille Jansénius, professeur de théologie et recteur de l'Université. Évêque d'Ypres (1635). Auteur de l'œuvre posthume *Augustinus* (1640), traitant des rapports entre la grâce divine et le libre arbitre. Il est à l'origine, à son insu, du soi-disant jansénisme.

👁 plume d'oie dans la main droite, livre ouvert dans la main gauche

▸ Cornelius Jansenius, professor of theology and rector of the University. Bishop of Ypres (1635). Author of the posthumously published *Augustinus* (1640), which discussed the relation between divine grace and free will. The publication led to the birth of Jansenism, though this was not Jansenius' intention.

👁 quill in right hand, open book in left hand

⚒ 1858: Séverin Van Aerschodt
N 1975: Alois Van Gool

B15 Willem Hesius

▶ Willem Hesius / Willem Van Hees (Antwerpen, 1601 – Brussel, 1690), jezuïet. Architect van de oude jezuïetenkerk (1651-1671), sinds 1778 parochiale Sint-Michielskerk in de Naamsestraat.

👁 plan in rechterhand, passer en winkelhaak in linkerhand

▶ Guillaume Hesius, jésuite. Architecte de l'ancienne église des jésuites (1651-1671), depuis 1778 l'église paroissiale Saint-Michel à la Naamsestraat.

👁 projet dans la main droite, compas et équerre dans la main gauche

▶ Willem Hesius, Jesuit. Architect of the former Jesuit Church (1651-1671), since 1778 St. Michael's Parish Church on Naamsestraat.

👁 plan in right hand, compass and carpenter's square in left hand

⚒ 1858: Séverin Van Aerschodt
N 1976: Louis Gérard

Hiëronymus Busleyden

B16

- Hiëronymus Busleyden (Aarlen, ca. 1470 – Bordeaux, 1517), humanist en diplomaat, studeerde te Leuven, daarna rechten te Orléans en te Padua. Hij was lid van de Grote Raad van Mechelen en, kort voor zijn dood, raadsheer van Karel V (D27). Bij testament bezorgde hij Erasmus (A15) de nodige fondsen om het *Collegium Trilingue* op te richten.

  opengeslagen boek in rechterhand

- Jérôme Busleyden, humaniste et diplomate, étudia à Leuven, puis fit le droit à Orléans et à Padoue. Il fut membre du Grand Conseil de Mechelen et peu avant sa mort, conseiller de Charles Quint (D27). Il procura à Érasme (A15) par voie testamentaire les fonds nécessaires à la fondation du *Collegium Trilingue*.

  livre ouvert dans la main droite

- Hieronymus Busleyden, humanist and diplomat. He studied at Leuven, and then studied law at Orléans and Padua. He was a member of the Great Council of Mechelen and, shortly before his death, a counsellor to Charles V (D27). In his will he left Erasmus (A15) a legacy to found the *Collegium Trilingue*.

  open book in right hand

1858: Séverin Van Aerschodt
N 1976: Louis Gérard

B17 Theodorus Guillielmus d'Eynatten de Schoonhoven

- **THEODORUS GUILLIELMUS, BARON D'EYNATTEN DE SCHOONHOVEN** (Leuven, 1712 – Tienen, 1789), burgemeester uit de patriciërs ten tijde van de aanleg in 1750 van het kanaal Leuven-Dijle.

  document met de inscripitie CANAL in rechterhand

- **THÉODORE-GUILLAUME, BARON D'EYNATTEN DE SCHOONHOVEN**,bourgmestre des patriciens au moment du creusement du canal Leuven-Dyle (1750).

  document avec l'inscription CANAL dans la main droite

- **THEODORUS GUILLIELMUS, BARON D'EYNATTEN DE SCHOONHOVEN**, mayor of the patricians at the time of the construction of the Leuven-Dijle Canal (1750).

  document with inscription CANAL in right hand

⚒ 1858: François Vermeylen sr.

Pieter Jozef Verhaghen

PIETER JOZEF VERHAGHEN (Aarschot, 1728 – Leuven, 1811), schilder van overwegend laatbarokke, grootse bijbelse taferelen. Werken worden bewaard in Museum M Leuven, de Sint-Pieterskerk, de Sint-Kwintenskerk en de Parkabdij Heverlee.

penseel in rechterhand, schilderspalet in linkerhand

PIERRE-JOSEPH VERHAGHEN, peintre de scènes bibliques grandioses dans un style essentiellement baroque tardif. Des œuvres sont conservées au Musée M Leuven, à l'église Saint-Pierre, à l'église Saint-Quentin et à l'abbaye de Park Heverlee.

pinceau dans la main droite, palette dans la main gauche

PETRUS JOSEPHUS VERHAGHEN, painter of large-scale biblical scenes in a mostly late-baroque style. A number of his works are to be found in Museum M Leuven, St. Peter's Church, St. Quentin's Church and Park Abbey Heverlee.

paintbrush in right hand, palette in left hand

⚒ 1858: François Vermeylen sr.

B19 Willem Ardts

WILLEM ARDTS († na 1453) was afkomstig uit Brussel waar hij al in 1415 als meester in het ambacht van de *Steenbickeleren* was ingeschreven. Hij leverde de balksloven en de kraagstenen van de zeven balken die de zoldering van zowel de voorzaal als van de gotische zaal van het stadhuis dragen.

houten hamer in rechterhand, balkslof op linkerarm

WILLEM ARDTS était originaire de Bruxelles où il était déjà inscrit en 1415 comme maître à la corporation des tailleurs de pierre (*Steenbickeleren*). Il fournit les parements de bois et les corbeaux des sept poutres portant le plafond tant de la salle antérieure que celui de la salle gothique de l'hôtel de ville.

marteau en bois dans la main droite, parement en bois sur le bras gauche

WILLEM ARDTS came from Brussels where in 1415 he was already registered as a master in the craft of stonecutting (*Steenbickeleren*). He carved the beam blocks and the corbels of the seven beams in the ceilings of both the front hall and the Gothic hall in the Town Hall.

wooden hammer in right hand, corbel on left arm

⚒ 1858: François Vermeylen sr.

Juan Luis Vivès

B20

▸ Juan Luis Vivès (Valencia, 1492 – Brugge, 1540), Spaanse humanist en pedagoog. Was van 1513 tot 1523 werkzaam te Leuven, daarna te Brugge. Hij schreef een aantal tractaten over onder meer de christelijke opvoeding van de vrouw (1524) en de armenzorg (1526), evenals een populair leerboek van Latijn, *Exercitatio linguae latinae* (Breda, 1538), waarvan meer dan 200 uitgaven bekend zijn.

👁 schrijfveer in rechterhand, opengeslagen boek op rechterarm

▸ Juan Luis Vivès, humaniste et pédagogue espagnol. Fut actif de 1513 jusqu'en 1523 à Leuven, puis à Brugge. Il écrivit une série de traités entre autres sur l'éducation chrétienne de la femme (1524) et l'aide aux indigents (1526), de même qu'un manuel populaire de latin (1538) dont on connaît plus de 200 éditions.

👁 plume d'oie dans la main droite, livre ouvert sur le bras droit

▸ Juan Luis Vivès, Spanish humanist and educator. From 1513 to 1523 he worked in Leuven and then in Brugge. He wrote a number of tractates on various topics, including the Christian education of women (1524) and poor relief (1526) as well as a popular Latin textbook (1538), which was reprinted more than 200 times.

👁 quill in right hand, open book on right arm

⚒ François Vermeylen sr.
N 1976: Vandekerckhove Ingelmunster

Theodoor van Loon

▶ THEODOOR VAN LOON (Brussel, 1581/82 – Leuven, 1667), schilder van overwegend italianiserende religieuze taferelen. Werken van hem hangen in de Basiliek van Scherpenheuvel, Museum M Leuven en de Parkabdij Heverlee.

👁 schilderspalet met twee penselen in linkerhand

▶ THÉODORE VAN LOON, peintre de scènes religieuses en grande partie italianisantes. Des œuvres se trouvent dans la Basilique de Scherpenheuvel, le Musée M Leuven et dans l'abbaye de Park Heverlee.

👁 palette et deux pinceaux dans la main gauche

▶ THEODOOR VAN LOON, painter of mostly Italianate religious scenes. Paintings by him are to be found in the Basilica of Scherpenheuvel, Museum M Leuven and Park Abbey Heverlee.

👁 palette and two paintbrushes in left hand

⚒ 1858: François Vermeylen sr.
N 1976: Louis Gérard

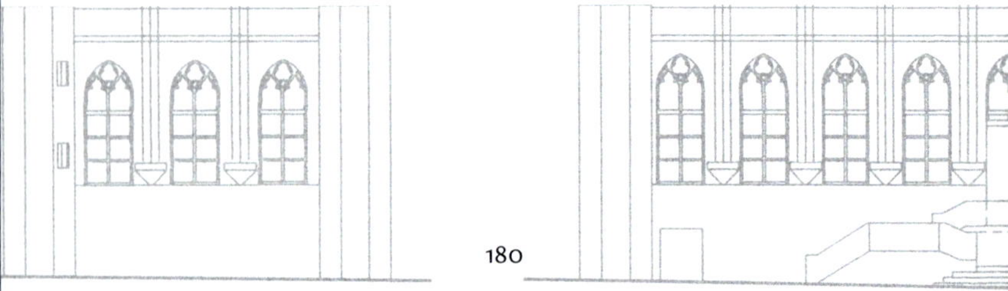

Valerius Andreas

B22

▸ VALERIUS ANDREAS / WALTER DRIESSENS (Dessel, 1588 – Leuven, 1655), docent Hebreeuws aan het *Collegium Trilingue*. Hij promoveerde in 1621 tot doctor in de rechten en werd in 1628 professor aan de Universiteit. Hij publiceerde een bio-bibliografische studie over belangrijke figuren in de Nederlanden, *Bibliotheca Belgica* (Leuven, 1623). Vanaf 1636 tot aan zijn dood was hij de eerste bibliothecaris van de pas opgerichte universiteitsbibliotheek. Auteur van een geschiedenis van de Universiteit, *Fasti Academici studii generalis Lovaniensis* (Leuven, 1635).

👁 schrijfveer in rechterhand, boek in linkerhand

▸ VALÈRE ANDRÉ , professeur d'hébreu au *Collegium Trilingue*. Il passa, en 1621, son doctorat en droit et devint, en 1628, professeur à l'Université. Il publia une étude bio-bibliographique des figures importantes des Pays-Bas (1623). Dès 1636 jusqu'à sa mort, il fut le premier bibliothécaire de la bibliothèque universitaire qu'on venait de fonder. Auteur d'une histoire de l'Université (1635).

👁 plume d'oie dans la main droite, livre dans la main gauche

▸ VALERIUS ANDREAS, lecturer in Hebrew at the *Collegium Trilingue*. He graduated in 1621 with a doctorate in law and was appointed professor at the University (1628). He published a bio-bibliographical study of important figures in the Netherlands (1623). From 1636 until his death he was the first librarian of the newly founded university library. Author of a history of the University (1635).

👁 quill in right hand, book in left hand

⚒ 1858: François Vermeylen sr.

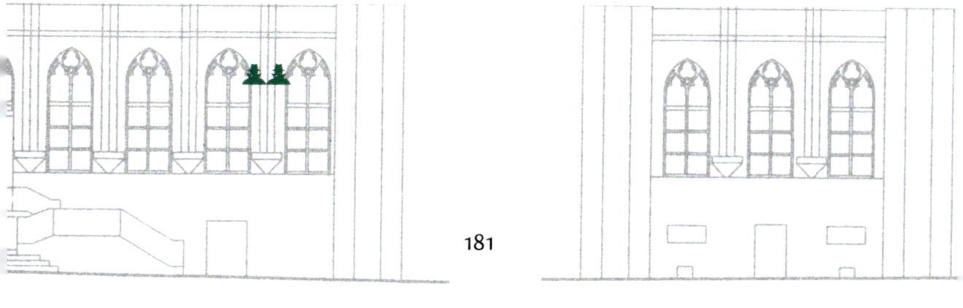

B23 Catharina Pypelaers

Catharina Pypelaers (Leuven, midden 16de – begin 17de eeuw), weldoenster. Stichteres van het tehuis *De Vijf Wonden van Christus*, voor vijf oude vrouwen (1608).

document in linkerhand

Catherine Pypelaers, bienfaitrice. Fondatrice de l'hospice *Les Cinq Plaies du Christ*, pour cinq vieilles femmes (1608).

document dans la main gauche

Catharina Pypelaers, benefactor. Founder of the home *The Five Wounds of Christ*, for five old women (1608).

document in left hand

⚒ Emile Godts

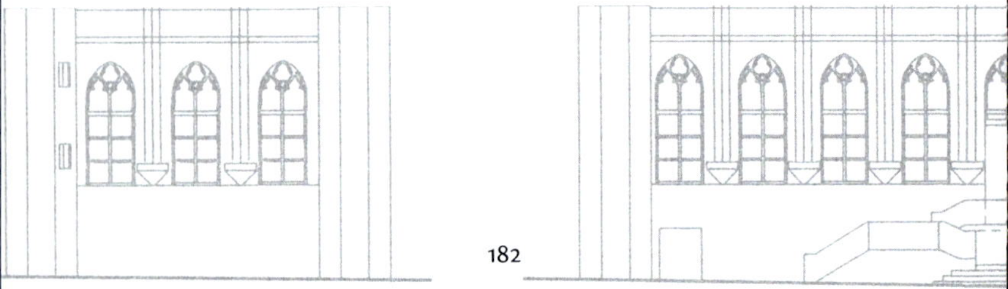

Franciscus de la Hault

B24

FRANCISCUS DE LA HAULT (Leuven, ca. 1616 – 1671), stadsambtenaar en weldoener. Stichter van het tehuis *O.-L.-Vrouw van Zeven Smarten*, voor vijf behoeftige mannen en twee vrouwen (1671).

document in rechterhand

FRANÇOIS DE LA HAULT, fonctionnaire de la ville et bienfaiteur. Fondateur de l'hospice *Notre-Dame des Sept Douleurs*, pour cinq hommes pauvres et deux femmes (1671).

document dans la main droite

FRANCISCUS DE LA HAULT, municipal official and benefactor. Founder of the home *Our Lady of the Seven Sorrows*, for five poor men and two women (1671).

document in right hand

⚒ Léopold Raynaud

B25

Aert van Halvermeylen

▶ AERT VAN HALVERMEYLEN (Leuven, 16de eeuw), weldoener. Bij testamentaire beschikking laat hij zeven huisjes oprichten voor zeven oude vrouwen (1551).

👁 document in rechterhand

▶ AERT VAN HALVERMEYLEN, bienfaiteur. Par une décison testamentaire, sept petites maisons sont érigées pour sept vieilles femmes (1551).

👁 document dans la main droite

▶ AERT VAN HALVERMEYLEN, benefactor. In his will he left funds for the construction of seven small houses for seven old women (1551).

👁 document in right hand

⚒ Jean Cuypers

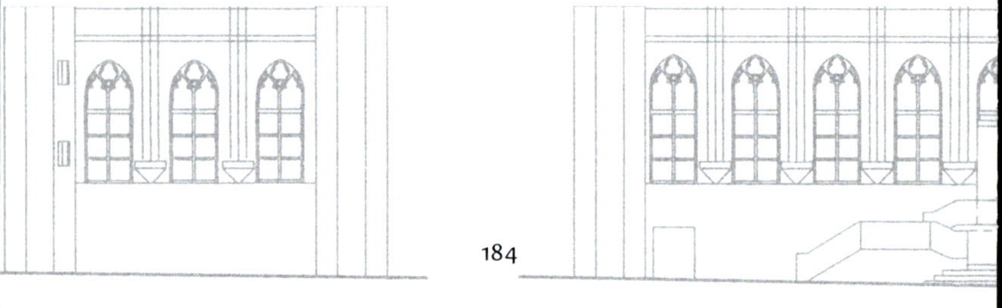

Jacobus Santvoort

B26

- Jacobus [van] Santvoort (Amersfoort, 1584 – Leuven, 1663), rechtsgeleerde, professor aan de Universiteit en weldoener. Stichter van een weeshuis voor verlaten kinderen (1648).

  👁 document in rechterhand, geldbeugel in linkerhand

- Jacques Santvoort, juriste, professeur à l'Université et bienfaiteur. Fondateur d'un orphelinat pour enfants abondonnés (1648).

  👁 document dans la main droite, escarcelle dans la main gauche

- Jacobus Santvoort, jurist, professor at the University and benefactor. Founder of an orphanage for abandoned children (1648).

  👁 document in right hand, money pouch in left hand

⚒ Jean Cuypers

Sint-Michiel

▶ SINT-MICHIEL, aartsengel. Patroonheilige van de sinds 1778 gelijknamige parochiekerk in de Naamsestraat (B15).

kruisstaf die draak doodt

▶ SAINT MICHEL, archange. Patron depuis 1778 de l'église paroissiale de même nom dans la Naamsestraat (B15).

crosse cruciforme tuant le dragon

▶ ST. MICHAEL the Archangel. Patron saint of the parish church in Naamsestraat, which was named after him in 1778 (B15).

slaying the dragon with a cross

⚒ Jules Courroit
R 1975: Willem de Backer

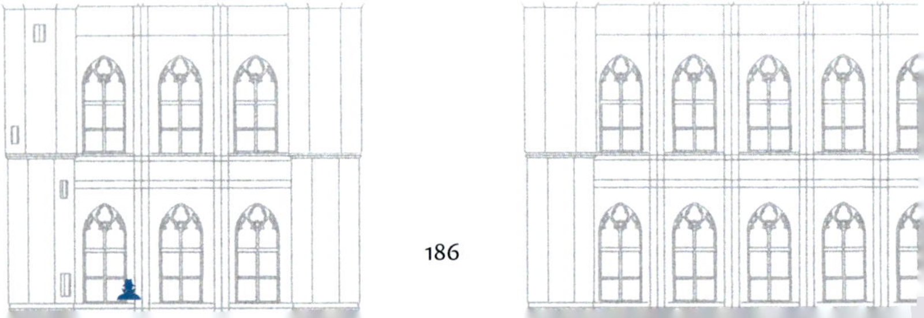

De profeet Jona [1]
Via een engel geeft de Heer aan Jona de opdracht de verdorven inwoners van Nineve tot boetvaardigheid aan te sporen, zoniet worden ze gestraft. Jona weigert en vlucht per schip naar Tarsis.

Le prophète Jonas [1]
Jonas reçoit d'un ange, porte-parole de Dieu, la mission d'exhorter les habitants dépravés de Ninive à la pénitence, sinon ils seront punis. Il ne prête pas l'oreille à l'appel et fuit avec un navire pour Tarsis.

The prophet Jonah [1]
An angel of the Lord orders Jonah to exhort the depraved inhabitants of Nineveh to repent, or otherwise they will be punished. Jonah refuses and flees by ship to Tarshish.

➡ **C1**-C2-C3-C4 📖 Jona/Jon/Jon: 1-3; Nah/Na/Nah: 2,7-11

Sint-Kwinten

SINT-KWINTEN, martelaar. Patroonheilige van de gelijknamige parochiekerk, achteraan in de Naamsestraat. Op die plaats stichtte Lambert I (D1) een eerste kapel ter ere van Sint-Kwinten.

enkele vruchten in rechterhand, palmtak in linkerhand

SAINT QUENTIN, martyr. Patron de l'église paroissiale de même nom, fin de la Naamsestraat. A cet endroit, Lambert I (D1) fonda une première chapelle en l'honneur de saint Quentin.

quelques fruits dans la main droite, palme dans la main gauche.

ST. QUENTIN, martyr. Patron saint of the eponymous parish church at the end of Naamsestraat. Lambert I (D1) founded the first chapel dedicated to St. Quentin in that spot.

some fruit in right hand, palm branch in left hand.

⚒ Jules Courroit

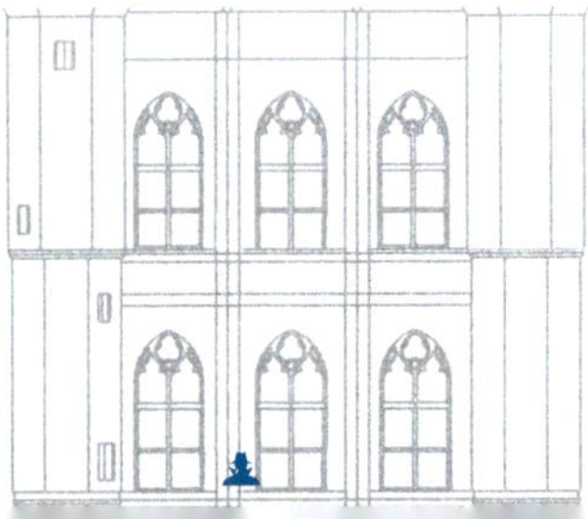

▶ **De profeet Jona [2]**
Tijdens een hevige storm gooien de matrozen hun lading en tevens Jona over boord. Hij had er zelf om gevraagd omdat hij die storm ervoer als een straf van God voor zijn ongehoorzaamheid. Jona wordt door een grote vis opgeslokt, die hem drie dagen later op het land uitspuwt.

▶ **Le prophète Jonas [2]**
Durant un ouragan, les marins jettent la cargaison par-dessus bord ainsi, qu'à sa demande, Jonas. Car il ressentit la tempête comme une punition de Dieu pour sa désobéissance. Jonas est avalé par un grand poisson qui le vomit sur le rivage après trois jours.

▶ **The prophet Jonah [2]**
During a violent storm the sailors throw the cargo overboard, together with Jonah. This is done at his own request as he considers the storm to be the Lord's punishment for his disobedience. Jonah is swallowed by a great fish and is vomited back onto dry land after three days.

➠ C1-**C2**-C3-C4 📖 Jona/Jon/Jon: 1-3; Nah/Na/Nah: 2,7-11

Jacobus

Jacobus *de Meerdere*, apostel. Patroonheilige van de gelijknamige kerk, gelegen aan het Sint-Jacobsplein, sedert 1963 gesloten. De kerk ligt op de bedevaartroute naar Santiago de Compostela.

pelgrimstas aan rechterzijde, wandelstaf in rechterhand

Saint Jacques *le Majeur*, apôtre. Patron de l'église de même nom, située à la Sint-Jacobsplein, fermée depuis 1963. L'église se trouve sur la route du pèlerinage à Saint-Jacques-de-Compostelle.

panetière du côté droit, canne dans la main droite

St. James *the Greater*, Apostle. Patron saint of the eponymous church on St. Jacobsplein, which has been closed since 1963. The church is on the pilgrimage route to Santiago de Compostela.

pilgrim's satchel on right side, walking stick in right hand

⚒ Jules Courroit

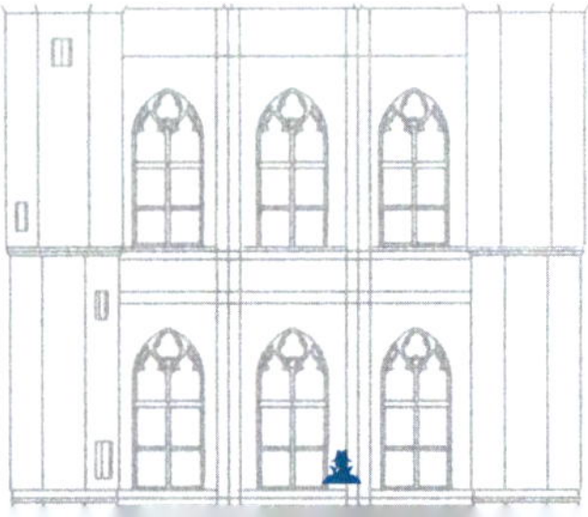

▶ **De profeet Jona [3]**
Jona voorspelt de ondergang van Nineve. Maar de inwoners bekeren zich en de Heer herroept zijn straf.

▶ **Le prophète Jonas [3]**
Jonas prédit le déclin de Ninive. Mais les habitants se convertirent et Dieu révoqua sa décision.

▶ **The prophet Jonah [3]**
Jonah foretells the fall of Nineveh. But the inhabitants repent and the Lord revokes His punishment.

➠ C1-C2-**C3**-C4 📖 Jona/Jon/Jon: 1-3; Nah/Na/Nah: 2,7-11

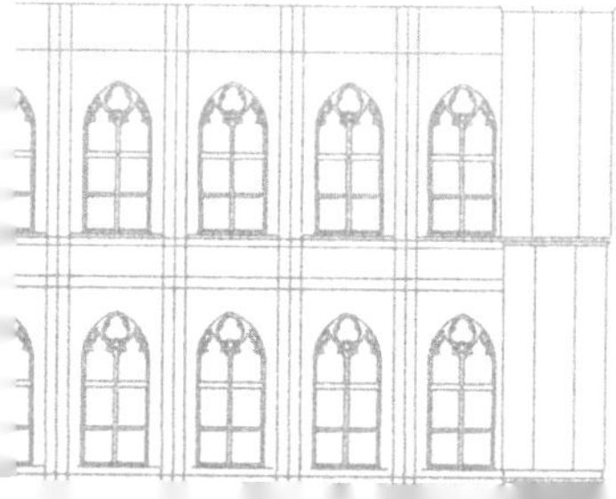

Sint-Geertrui

SINT-GEERTRUI (Landen, 626 – Nijvel, 659), abdis van de door haar moeder, de heilige Itta, omstreeks 650 gestichte abdij van Nijvel. Patroonheilige van de gewezen Sint-Geertruiabdij en de huidige parochiekerk in de Half-Maartstraat.

opengeslagen boek in rechterhand, abdisstaf in linkerhand

SAINTE GERTRUDE, abbesse de l'abbaye de Nivelles que sa mère, sainte Itta, avait fondée vers 650. Patronne de l'ancienne abbaye Sainte-Gertrude et de l'église paroissiale actuelle dans la Half-Maartstraat.

livre ouvert dans la main droite, crosse d'abbesse dans la main gauche

ST. GERTRUDE, abbess of the Abbey of Nivelles, which had been founded ca. 650 by her mother, St. Itta. Patron saint of the former St. Gertrude Abbey and of the present parish church on Half-Maartstraat.

open book in right hand, abbess's crozier in left hand

Jules Courroit

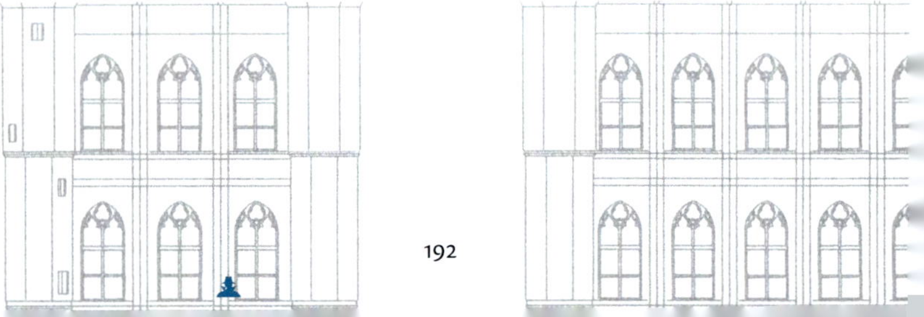

De profeet Jona [4]
Volgens de profeet Nahum zou Nineve getroffen worden door een watervloed, hetgeen op de kraagsteen is weergegeven.

Le prophète Jonas [4]
Selon le prophète Nahoum, Ninive serait inondée, ce qui est représenté sur le corbeau.

The prophet Jonah [4]
According to the Prophet Nahum, Nineveh would be inundated, as is represented on the corbel.

➡ C1-C2-C3-**C4** Jona/Jon/Jon: 1-3; Nah/Na/Nah: 2,7-11

Sint-Dorothea

▶ SINT-DOROTHEA, maagd en martelares. Patrones van de rederijkerskamer *De Roos*.

👁 bloemenkorf in beide handen

▶ SAINTE DOROTHÉE, vierge et martyre. Patronne de la chambre de rhétorique *La Rose*.

👁 corbeille à fleurs dans les deux mains

▶ ST. DOROTHY, virgin and martyr. Patron saint of the chamber of rhetoric, *The Rose*.

👁 basket of flowers in both hands

⚒ Michel Abeloos

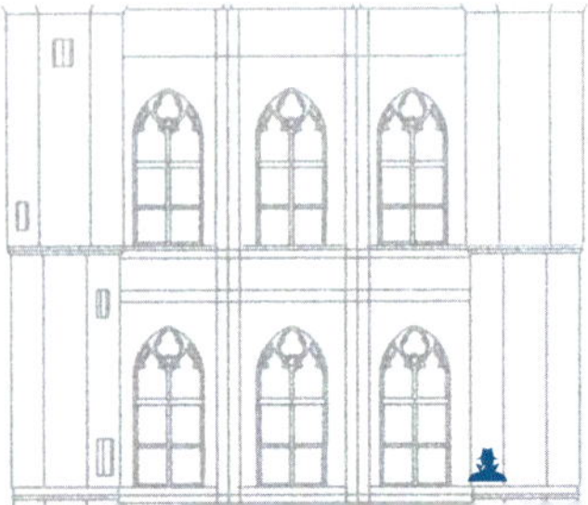

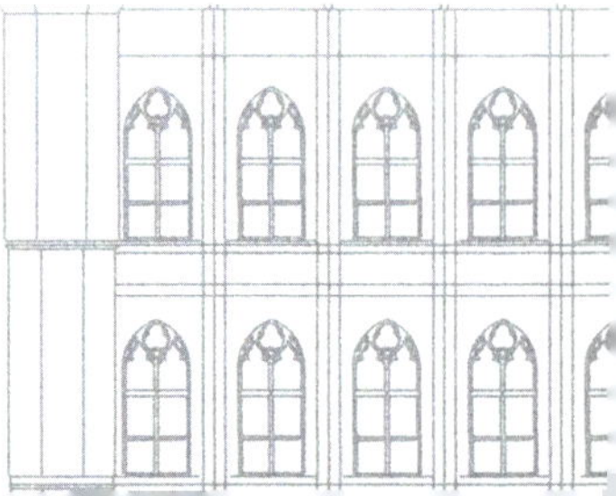

▶ **De parabel van Lazarus en de rijke man [1]**
Lazarus, arm en overdekt met zweren, staat voor het huis van een rijke man. Hij smeekt om wat voedsel, maar dat wordt hem geweigerd. De honden komen zijn zweren likken.

▶ **La parabole du mauvais riche et le pauvre Lazare [1]**
Lazare, pauvre et couvert de plaies, se trouve devant la maison d'un homme riche. Il mendie un peu de nourriture, mais on la lui refuse. Les chiens viennent lécher ses plaies.

▶ **The parable of the Rich Man and Lazarus [1]**
At the gate of a rich man lies a poor man named Lazarus, covered with sores and begging to eat whatever falls from the rich man's table. But this food is denied to Lazarus. The dogs come and lick his sores.

➠ **C5**-C6-C7-C8-C9 📖 Luc/Lc/Luke: 16,19-31

Sint-Margaretha

Sint-Margaretha van Antiochië, maagd en martelares. Patrones van de rederijkerskamer de *Meesuete* (de madelief), alias de *Kersouwe*.

boek in rechterhand, kruisbeeld in linkerhand, draak naast rechtervoet

Sainte Marguerite d'Antioche, vierge et martyre. Patronne de la chambre de rhétorique la *Meesuete* (la pâquerette), alias le *Kersouwe*.

livre dans la main droite, crucifix dans la main gauche, dragon au pied droit

St. Margaret of Antioch, virgin and martyr. Patron saint of the chamber of rhetoric, the *Meesuete* (the daisy), alias the *Kersouwe*.

book in right hand, crucifix in left hand, dragon at her right foot

⚒ Michel Abeloos

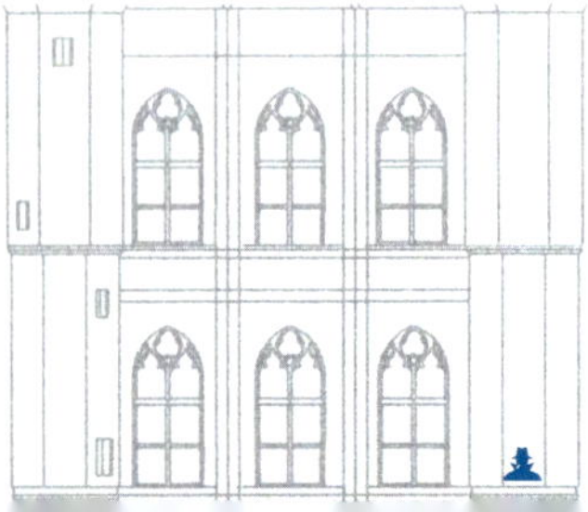

De parabel van Lazarus en de rijke man [2]
Lazarus sterft.

La parabole du mauvais riche et le pauvre Lazare [2]
Lazare meurt.

The parable of the Rich Man and Lazarus [2]
Lazarus dies.

➠ C5-**C6**-C7-C8-C9 📖 Luc/Lc/Luke: 16,19-31

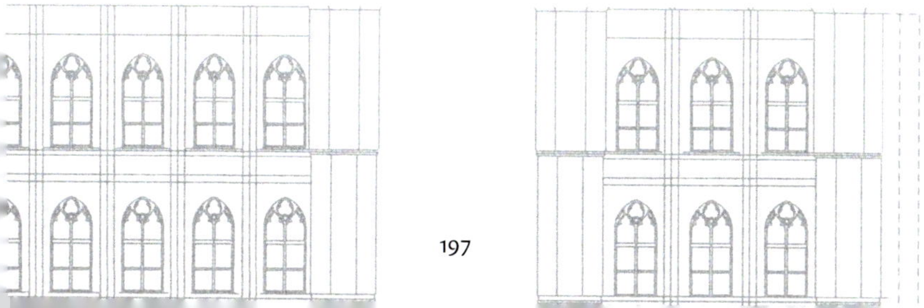

Sint-Catharina

SINT-CATHARINA VAN ALEXANDRIË, maagd en martelares. Patrones van de rederijkerskamer *De Lelie*.

wiel aan rechterzijde, palmtak in linkerhand

SAINTE CATHERINE D'ALEXANDRIE, vierge et martyre. Patronne de la chambre de rhétorique *Le Lis*.

roue du côté droit, palme dans la main gauche

ST. CATHERINE OF ALEXANDRIA, virgin and martyr. Patron saint of the chamber of rhetoric, *The Lily*.

wheel on right side, palm branch in left hand

⚒ Michel Abeloos

De parabel van Lazarus en de rijke man [3]
Lazarus wordt door engelen naar de schoot van Abraham gedragen.

La parabole du mauvais riche et le pauvre Lazare [3]
Les anges emportent Lazare dans le sein d'Abraham.

The parable of the Rich Man and Lazarus [3]
The angels carry Lazarus into Abraham's bosom.

➠ C5-C6-**C7**-C8-C9 📖 Luc/Lc/Luke: 16,19-31

C8 Sint-Martha

Sint-Martha, zus van Lazarus in Bethanië. Patrones van de rederijkerskamer *De Peterseliepoot*.

kwispel in rechterhand

Sainte Marthe, sœur de Lazare de Béthanie. Patronne de la chambre de rhétorique *La Racine de Persil*.

goupillon dans la main droite

St. Martha, sister of Lazarus in Bethany. Patron saint of the chamber of rhetoric, *The Parsley Root*.

aspergillum (sprinkler) in right hand

⚒ Michel Abeloos
N 1975: Vandekerckhove Ingelmunster

De parabel van Lazarus en de rijke man [4]
De rijke man sterft.

La parabole du mauvais riche et le pauvre Lazare [4]
Le riche meurt.

The parable of the Rich Man and Lazarus [4]
The rich man dies.

➠ C5-C6-C7-**C8**-C9 📖 Luc/Lc/Luke: 16,19-31

Sint-Lucia

Sint-Lucia van Syracuse, maagd en martelares. Patrones van de rederijkerskamer *De Pensee*.

palmtak in rechterhand, uitgerukte ogen op een schaal in linkerhand

Sainte Lucie de Syracuse, vierge et martyre. Patronne de la chambre de rhétorique *La Pensée*.

palme dans la main droite, deux yeux arrachés sur un plat dans la main gauche

St. Lucy of Syracuse, virgin and martyr. Patron saint of the chamber of rhetoric, *The Violet*.

palm branch in right hand, her gouged out eyes on a platter in left hand

Michel Abeloos

De parabel van Lazarus en de rijke man [5]
De rijke man komt na zijn dood terecht in de hel waar hij door demonen wordt gekweld. Hij smeekt Abraham om medelijden, maar die antwoordt: *'Kind, bedenk wel dat jij je deel van het goede al tijdens je leven hebt ontvangen, terwijl Lazarus niets dan ongeluk heeft gekend; nu vindt hij hier troost, maar lijd jij pijn'.*

La parabole du mauvais riche et le pauvre Lazare [5]
Après sa mort, l'homme riche tombe en enfer où les démons le torturent. Il implore la pitié d'Abraham, mais celui-ci répond: *'Mon enfant, souviens-toi que tu as reçu tes biens pendant ta vie, et Lazare pareillement ses maux; maintenant il est consolé, et toi tu es tourmenté'.*

The parable of the Rich Man and Lazarus [5]
After his death, the rich man arrives in Hell where he is tortured by demons. He begs Abraham for compassion, but Abraham answers: *'My son, remember that during your life you had your fill of good things, just as Lazarus had his fill of bad. Now he is being comforted here while you are in agony'.*

➠ C5-C6-C7-C8-**C9** 📖 Luc/Lc/Luke: 16,19-31

C10 Een meier

▶ EEN MEIER, vertegenwoordiger van de hertog en voorzitter van de schepenbank.

👁 document in linkerhand

▶ UN MAYEUR, représentant du duc et président du tribunal d'échevins.

👁 document dans la main gauche

▶ A BAILIFF, representative of the Duke and president of the bench of aldermen.

👁 document in left hand

⚒ Michel Abeloos
R 1975: Alois Van Gool

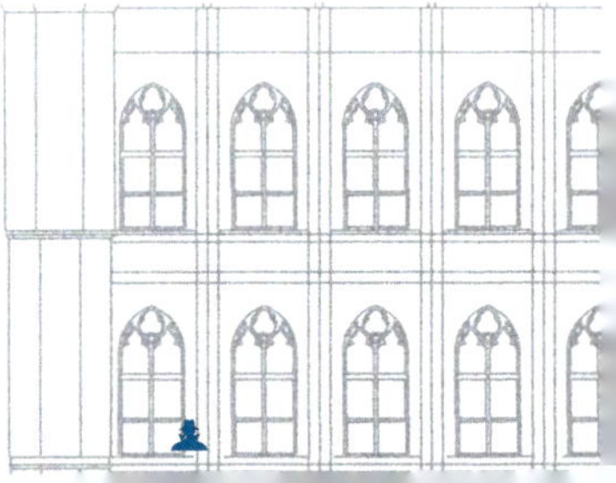

▶ **Abram en Sarai [1]**
Alvorens Abram (later Abraham) uit Ur naar het land van Kanaän vertrekt, trouwt hij met Sarai (later Sara). Hun huwelijk blijft kinderloos. Op aansturen van zijn vrouw heeft Abram gemeenschap met Hagar, haar Egyptische slavin. Wanneer die merkt dat ze zwanger is, gedraagt ze zich hooghartig tegenover haar meesteres. Die maakt dan weer haar slavin het leven zo zuur dat die uiteindelijk wegvlucht. Later bevalt Hagar van een zoon, Ismaël.

▶ **Abram et Saraï [1]**
Avant de quitter Ur pour le pays de Canaan, Abram (plus tard Abraham) se marie avec Saraï (plus tard Sarah). Leur mariage reste stérile. Saraï propose qu'Abram prenne Agar, son esclave égyptienne, pour qu'il lui fasse un enfant. Quand elle constate qu'elle est enceinte, Agar repousse sa maîtresse du pied. Alors Saraï mène la vie dure à Agar tant et si bien qu'elle s'enfuit. Plus tard Agar enfanta d'un garçon, Ismaël.

▶ **Abram and Sarai [1]**
Before leaving Ur for the land of Canaan, Abram (later Abraham) marries Sarai (later Sara). However, they remain childless, and because she herself is barren, Sarai urges Abram to have sexual intercourse with Hagar, her Egyptian slave. When Hagar realizes she is pregnant, she assumes a haughty attitude towards her mistress. Sarai than makes life so difficult for Hagar that she runs away. Later Hagar gives birth to a son, Ishmael.

➡ **C10**-C11 📖 Gen/Gn/Gen: 16,1-7; 17,5 & 15; 18,1-10

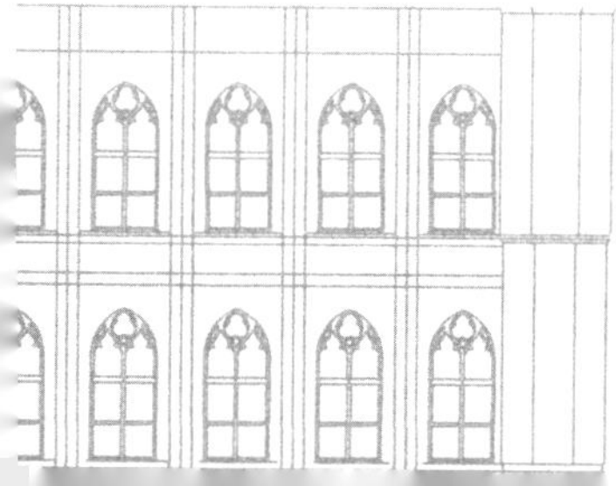

Een burgemeester uit de patriciërs

EEN BURGEMEESTER UIT DE PATRICIËRS. Door toedoen van Pieter Coutereel (A14) werd, vanaf 1360, de Leuvense stadsraad geleid door twee burgemeesters, de ene gekozen uit de patriciërsfamilies (geslachten), de andere uit de ambachten (naties). Onder de ambachten ressorteerden de brouwers, de kremers, de schrijnwerkers, de beenhouwers, de bakkers, de kleermakers, de vettewariërs, de schoenmakers, de hoveniers en de chirurgijns-barbiers. De stadsraad bestond uit zeven schepenen en een raad van gezworenen. De schepenen – vier uit de patriciërs, twee uit de ambachten en één uit de gilde – waren bevoegd voor de gerechtelijke en burgerlijke administratie. De raad van gezworenen, die door de burgers werd verkozen, telde 21 leden: elf uit de patriciërs en tien uit de ambachten. Samen namen ze de beslissingen inzake stedelijke aangelegenheden.

document in rechterhand

UN BOURGMESTRE DES PATRICIENS. Grâce à Pieter Coutereel (A14), le conseil municipal de Leuven était, à partir de 1360, dirigé par deux bourgmestres, l'un choisi par les familles patriciennes (lignages), l'autre parmi les membres des métiers (nations). Appartenaient aux nations: les brasseurs, les merciers, les menuisiers, les bouchers, les boulangers, les tailleurs, les graisseurs les cordonniers, les jardiniers et les chirurgiens-barbiers. Le conseil municipal était composé de sept échevins et un conseil de jurés. Les échevins – quatre issus des familles patriciennes, deux provenant des métiers et un de la guilde – avaient compétence en matière d'administration judiciaire et civile. Le conseil des jurés élu par les citoyens comptait 21 membres: onze issus des familles patriciennes et dix en provenance des métiers. Ensemble ils décidaient des affaires de la ville.

document dans la main droite

A MAYOR OF THE PATRICIAN FAMILIES. Thanks to Peter Coutereel (A14), the City Council of Leuven was led from 1360 on by two mayors, one elected from among the patricians families, and the other from among the artisans (the nations). These included brewers, mercers, joiners, butchers, bakers, tailors, oil merchants, shoemakers, gardeners and barber-surgeons. The Town Council was composed of seven aldermen and a council of jurors. The aldermen – four from the patrician, two from the crafts and one from the guilds – were responsible for the judiciary and civil administration. The council of jurors was elected by the citizens and consisted of 21 members: eleven from the patricians and ten from the crafts. Together they were responsible for decisions concerning municipal matters.

document in right hand

⚒ Michel Abeloos N 1975: Louis Gérard

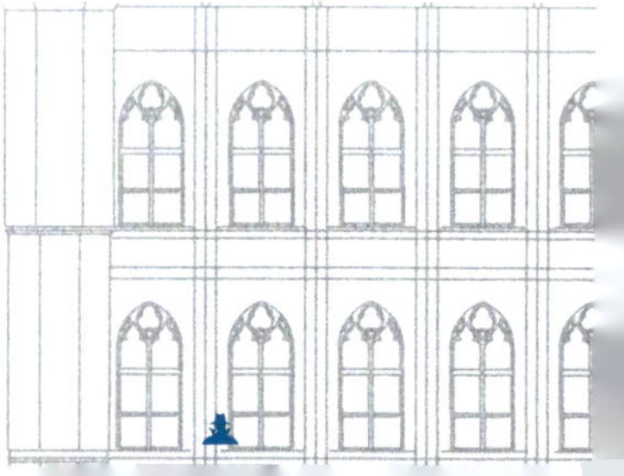

Abram en Sarai [2]
Op een dag – Abraham zit voor de ingang van zijn tent – verschijnt de Heer hem bij de eiken van Mamre. Plots bemerkt hij drie mannen die hem de boodschap brengen dat Sara op haar gezegende leeftijd een zoon zal baren. Hij wordt Isaak genoemd.

Abram et Saraï [2]
Un jour, alors qu'Abraham était assis devant l'entrée de sa tente, Dieu lui apparaît aux chênes de Mambré. Soudainement, il remarque trois hommes qui lui annoncent que Sarah, en dépit de son âge avancé, accouchera d'un fils. Il est nommé Isaac.

Abram and Sarai [2]
One day, when Abraham is sitting at the entrance to his tent, the Lord appears near the oaks of Mamre. Suddenly Abraham observes three men who announce that Sara, despite her advanced age, will give birth to a son. He will be called Isaac.

➠ C10-**C11** Gen/Gn/Gen: 16,1-7; 17,5 & 15; 18,1-10

Een burgemeester uit de ambachten

▶ Een burgemeester uit de ambachten.
Voor het gerestaureerde beeld werd burgemeester Alfons Smets (Leuven, 1908-1979) geportretteerd.

▶ Un bourgmestre des métiers.
La statue restaurée est modelée sur le portrait du bourgmestre Alfons Smets.

▶ A Mayor of the Nations.
The restored statue was modeled on a portrait of the mayor, Alfons Smets.

⚒ Michel Abeloos
N 1975: Alois Van Gool

Overtreding van de Sabbat [1]
Een man overtreedt de sabbat en wordt betrapt op het sprokkelen van hout. Hij wordt voorgeleid bij Mozes en Aäron en de hele gemeenschap.

La violation du Sabbat [1]
Un homme enfreint la loi du sabbat car il est surpris à ramasser du bois. On l'emmène chez Moïse et Aaron et devant toute l'assemblée.

Violating the Sabbath [1]
A man is caught red-handed breaching the Law of the Sabbath by gathering wood. He is brought before Moses and Aaron and the whole community.

➠ **C12**-C13 📖 Num/Nb/Num: 15,32-36
⚒ N: Alois Van Gool

Een schepen

▶ EEN SCHEPEN.

document in linkerhand

▶ UN ÉCHEVIN.

document dans la main gauche

▶ AN ALDERMAN.

document in left hand

Michel Abeloos
N 1975: Louis Gérard

Overtreding van de Sabbat [2]
De Heer zegt tot Mozes: *'Die man moet gedood worden. De hele gemeenschap moet hem buiten het kamp stenigen'.*

La violation du Sabbat [2]
Le Seigneur dit à Moïse: *'Cet homme doit être mis à mort. Que toute la communauté le lapide en dehors du camp'.*

Violating the Sabbath [2]
The Lord says to Moses: *'This man must be put to death. The whole community will stone him outside the camp'.*

C12-**C13** Num/Nb/Num: 15,32-36
N: Alois Van Gool

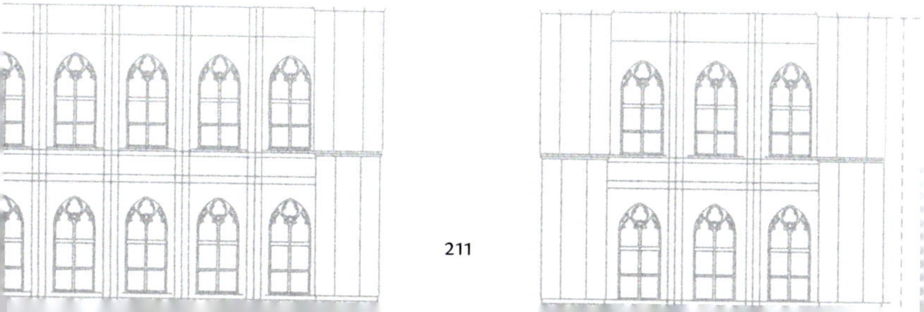

C14

Een gezworene uit de patriciërs

▶ EEN GEZWORENE UIT DE PATRICIËRS.

👁 onbekend voorwerp in rechterhand

▶ UN JURÉ DES PATRICIENS.

👁 objet inconnu dans la main droite

▶ A JUROR FROM THE PATRICIANS.

👁 unknown object in right hand

⚒ Michel Abeloos
N 1975: Aloïs van Gool

Elisa en de vrouw uit Sunem met haar zoon [1]
Op voorspraak van de profeet Elisa krijgt, tegen alle verwachtingen in, een Sunammitische vrouw een zoon. Maar de jongen overlijdt jong en de vrouw bestookt Elisa met verwijten. Die betreedt het huis, zegt een gebed en legt zich op de jongen.

Élisée et la femme shunamite avec son fils [1]
Par l'intercession du prophète Élisée et contre toute attente, une femme shunamite enfante d'un fils. Mais le garçon meurt jeune et la femme fait des reproches à Élisée. Le prophète entre dans la maison, prie et se couche sur le garçon.

Elisha and the woman of Shunem with her son [1]
Through the intercession of the Prophet Elisha and against all expectations, a Shunammite woman gives birth to a son. However, the boy dies very young and the woman bitterly reproaches Elisha. The Prophet enters the house, prays, and covers the boy's body with his own.

➟ **C14**-C15 📖 2 Kon/2 R/2 Kings: 4,8-35

C15

Een gezworene uit de ambachten

- Een gezworene uit de ambachten.
- Un juré des métiers.
- A Juror from the Nations.

⚒ Michel Abeloos
N 1975: Alois Van Gool

Elisa en de vrouw uit Sunem met haar zoon [2]
Elisa gaat voor de tweede maal op de jongen liggen. Ditmaal met succes. De dode niest zevenmaal en opent de ogen. De moeder is getuige van het wonder.

Élisée et la femme shunamite avec son fils [2]
Élisée se couche pour la seconde fois sur le garçon. Cette fois-ci avec succès. Le mort éternue sept fois et ouvre les yeux. La mère est témoin du miracle.

Elisha and the woman of Shunem with her son [2]
Elisha again lies down on top of the boy. This time he is successful. The dead boy sneezes seven times and opens his eyes. The mother witnesses the miracle.

➡ C14-**C15** 📖 2 Kon/2 R/2 Kings: 4,8-35

C16

Een deken van de gilde der lakenwevers

EEN DEKEN VAN DE GILDE DER LAKENWEVERS. De lakennijverheid was in Leuven van de 12de tot de 14de eeuw de belangrijkste bron van welvaart.

schietspoel in rechterhand

UN DOYEN DE LA GUILDE DES DRAPIERS. A Leuven, l'industrie drapière était du XIIe au XIVe siècle la source principale de prospérité.

navette dans la main droite

A DEAN OF THE CLOTH WEAVERS' GUILD. The cloth industry was the most important source of prosperity in Leuven from the 12th to the 14th century.

weaver's shuttle in right hand

Michel Abeloos
N 1975: Louis Gérard

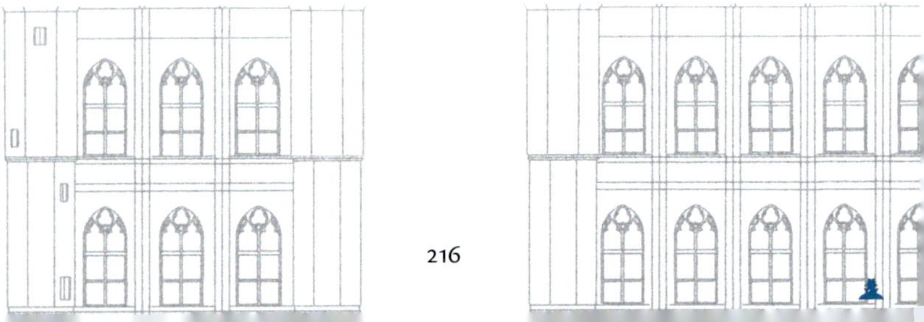

Mozes ontvangt de Tafelen van het Verbond [1]
Mozes ontvangt van de Heer op de berg Sinai de twee stenen tafelen van het Verbond. Maar bij zijn terugkeer in het kamp ziet hij de Israëlieten dansen rond een zuil met een gouden stierenbeeld. Vertoornd smijt hij de tafelen aan stukken.

Moïse reçoit les Tables de l'Alliance [1]
Moïse reçoit de Dieu sur le mont Sinaï les deux tables de l'Alliance. En arrivant au camp des Israélites, il aperçoit un veau d'or placé sur une colonne autour de laquelle dansent les Israélites. Courroucé, il les brise par terre.

Moses receives the Tablets of the Covenant [1]
On Mount Sinai, Moses receives from the Lord the two tablets of the Covenant. Arriving back in the camp of the Israelites, he sees them dancing around a pillar with a golden calf on top. Enraged, he smashes the tablets.

➠ **C16**-C17 📖 Ex/Ex/Exod: 31,18; 32,19; 34,1 & 29-32
⚒ N 1975: Alois Van Gool

C17 Eberwyn Uten Liemingen

▶ EBERWYN UTEN LIEMINGEN, ridder. Stamvader van een van de zeven Leuvense patriciërsfamilies.

👁 zwaard en wapenschild.

▶ EBERWYN UTEN LIEMINGEN, chevalier. Ancêtre d'une des sept familles patriciennes de Leuven.

👁 épée et écusson

▶ EBERWYN UTEN LIEMINGEN, knight. Ancestor of one of the seven patrician families of Leuven.

👁 sword and escutcheon

⚒ Michel Abeloos
N 1975: Alois Van Gool

Mozes ontvangt de Tafelen van het Verbond [2]

De Heer beveelt Mozes: *'Hak twee stenen platen uit, gelijk aan de vorige. Dan zal ik in die platen de geboden schrijven die ook op de eerste stonden, die jij stukgegooid hebt'.* Mozes gehoorzaamt. Vervolgens daalt hij terug de berg Sinai af en toont hij de twee nieuwe tafelen aan de Israëlieten.

Moïse reçoit les Tables de l'Alliance [2]

Dieu commande à Moïse: *'Taille deux tables de pierre semblables aux premières, et j'écrirai sur les tables les paroles qui étaient sur les premières tables que tu as brisées'.* Moïse obéit. Il redescend du Sinaï et présente les deux nouvelles tables aux Israélites.

Moses receives the Tablets of the Covenant [2]

The Lord commands Moses: *'Cut two tablets of stone like the first ones and I will write on the tablets the words that were on the first tablets which you broke'.* Moses obeys. Then he once again descends from Mount Sinai and presents the two new tablets to the Israelites.

➟ C16-**C17** 📖 Ex/Ex/Exod: 31,18; 32,19; 34,1 & 29-32
⚒ N: Alois Van Gool

C18 Meynaert vander Calstren

▶ MEYNAERT VANDER CALSTREN, ridder. Stamvader van een van de zeven Leuvense patriciërsfamilies.

zwaard en wapenschild

▶ MEYNAERT VANDER CALSTREN, chevalier. Ancêtre d'une des sept familles patriciennes de Leuven.

épée et écusson

▶ MEYNAERT VANDER CALSTREN, knight. Ancestor of one of the seven patrician families of Leuven.

sword and escutcheon

⚒ Michel Abeloos

De wijngaard van Nabot [1]
Nabot de Jizreëliet bezit een wijngaard naast het paleis van Achab, koning van Samaria. Die wil maar al te graag de wijngaard inpalmen, maar Nabot weigert het erfdeel van zijn vaderen af te staan. Achab, somber en misnoegd gestemd, gaat naar bed en weigert te eten.

La vigne de Nabot [1]
Nabot de Yizréel possède une vigne à côté du palais d'Achab, roi de Samarie. Le roi, intéressé à cette propriété, essaye de négocier avec Nabot, mais celui-ci refuse de céder l'héritage de ses pères. Achab, sombre et irrité, s'étend sur sa couche et refuse de manger.

Naboth's vineyard [1]
Naboth of Jezreel owns a vineyard next to the palace of Ahab, King of Samaria. The king covets this vineyard, but Naboth refuses to sell the inheritance of his ancestors. Gloomy and disgruntled, Ahab returns home, goes to bed and refuses to eat.

➠ **C18**-C19 📖 1 Kon/1 R/1 Kings: 21,1-16; 2 Kon/2 R/2 Kings: 9,30-37

[Meys] van Redingen

▶ [Meys] van Redingen, ridder. Stamvader van een van de zeven Leuvense patriciërsfamilies.

👁 zwaard en wapenschild

▶ [Meys] van Redingen, chevalier. Ancêtre d'une des sept familles patriciennes de Leuven.

👁 épée et écusson

▶ [Meys] van Redingen, knight. Ancestor of one of the seven patrician families of Leuven.

👁 sword and escutcheon

⚒ François Vermeylen sr.
N 1975: Louis Gérard

▶ **De wijngaard van Nabot [2]**
Izebel, de vrouw van Achab, laat Nabot valselijk van godslastering en majesteitsschennis beschuldigen, waarop de man wordt gestenigd. Dan spoort zij haar man aan Nabots wijngaard in bezit te nemen. Maar bij monde van de profeet Elia laat de Heer koning Achab weten dat hij en zijn nakomelingen zullen gestraft worden en dat Izebel aan de stadsmuur van Jizreël door honden zal verslonden worden.

▶ **La vigne de Nabot [2]**
Jézabel, la femme d'Achab, accuse Nabot faussement de blasphème et du crime de lèse-majesté, sur quoi il est lapidé. Elle pousse alors son mari pour qu'il prenne possession de la vigne. Mais Dieu, par la voix de son prophète Élie, prédit que le roi Achab et ses descendants seront punis et que les chiens dévoreront Jézabel près des murailles de Yizréel.

▶ **Naboth's vineyard [2]**
Jezebel, the wife of Ahab, accuses Naboth of blasphemy and high treason, whereupon he is stoned. She then pushes her husband to take possession of Naboth's vineyard. But the Lord, speaking through his prophet Elijah, lets King Ahab know that he and his descendants will be punished and that Jezebel will be devoured by dogs near the walls of Jizreel.

➠ C18-**C19** 1 Kon/1 R/1 Kings: 21,1-16; 2 Kon/2 R/2 Kings: 9,30-37

C20 [Lodewijk] vanden Steene

[Lodewijk] vanden Steene, ridder. Stamvader van een van de zeven Leuvense patriciërsfamilies.

zwaard en wapenschild

[Louis] vanden Steene, chevalier. Ancêtre d'une des sept familles patriciennes de Leuven.

épée et écusson

[Lodewijk] vanden Steene, knight. Ancestor of one of the seven patrician families of Leuven.

sword and escutcheon

François Vermeylen sr.
N 1976: Alois Van Gool

De hoogmoed van koning Uzzia, zijn ziekte [1]
Uzzia, koning van Juda, verblind door macht, wordt hoogmoedig tegenover de Heer en vervult functies in de tempel die uitsluitend aan de priesters zijn voorbehouden. De priesters verzetten zich dus tegen zijn handelingen, maar Uzzia, nog met het wierookvat in de hand, keert zich woedend tegen hen.

L'orgueil du roi Ozias, sa maladie [1]
Ozias, roi de Juda, aveuglé par le pouvoir, se montre orgueilleux envers Dieu. Il pose des actes dans le temple qui ne sont réservés qu'aux prêtres qui s'opposent ouvertement, mais Ozias, l'encensoir encore dans la main, se met en colère.

The pride of King Uzziah, his disease [1]
Uzziah, King of Judah, dazzled by power, becomes arrogant towards the Lord. He carries out duties in the Temple that normally are exclusively reserved for priests. The priests reproach him for his actions, but Uzziah, with a censer still in his hand, becomes furious with them.

➠ **C20**-C21 📖 2 Kron/2 Ch/2 Chron: 26,16-21

C21 Vranck van Rode

▸ VRANCK VAN RODE, ridder. Stamvader van een van de zeven Leuvense patriciërsfamilies.

👁 zwaard, speer, dolk, wapenschild

▸ VRANCK VAN RODE, chevalier. Ancêtre d'une des sept familles patriciennes de Leuven.

👁 épée, lance, poignard, écusson

▸ VRANCK VAN RODE, knight. Ancestor of one of the seven patrician families of Leuven.

👁 sword, lance, dagger, escutcheon

⚒ François Vermeylen sr.
N 1976: Alois Van Gool

▶ **De hoogmoed van koning Uzzia, zijn ziekte [2]**
De straf van de Heer is schrikwekkend: Uzzia krijgt een huidziekte, wordt in afzondering geplaatst en mag de Tempel van de Heer niet meer betreden.

▶ **L'orgueil du roi Ozias, sa maladie [2]**
La punition de Dieu est terrifiante: Ozias, atteint de dermatose, doit vivre isolé et est exclu du Temple du Seigneur.

▶ **The pride of King Uzziah, his disease [2]**
The punishment of the Lord is terrifying: afflicted with a virulent skin disease, Uzziah is forced to live in isolation and is barred from the Temple of the Lord.

➡ C20-**C21** 📖 2 Kron/2 Ch/2 Chron: 26,16-21

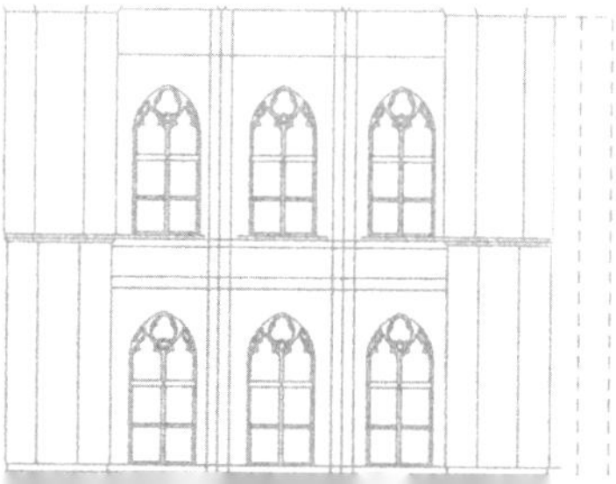

C22 [Salomon] Gielis

[SALOMON] GIELIS, ridder. Stamvader van een van de zeven Leuvense patriciërsfamilies.

wapenschild

[SALOMON] GIELIS, noble. Ancêtre d'une des sept familles patriciennes de Leuven.

écusson

[SALOMON] GIELIS, nobleman. Ancestor of one of the seven patrician families of Leuven.

escutcheon

⚒ François Vermeylen sr.
N 1976: Louis Gérard

De bron van het Levend Water [1]
'Vol vreugde zullen jullie water putten uit de bron van de redding'.
In de Bijbel komen verschillende passages voor die handelen over de heilzame, zelfs goddelijke kracht van het water. De twee taferelen stellen een plaats voor waar mensen water halen. Bij het eerste is een groot waterbekken met fonteinen afgebeeld; bij het tweede een waterput. Beide scènes kunnen in verband gebracht worden met citaten uit *Jesaja* en *Numeri*.

La source de l'Eau Vive [1]
'Vous puiserez de l'eau aux sources du salut dans l'allégresse'.
Dans la Bible plusieurs passages traitent de la force salutaire, même divine de l'eau. Les deux scènes représentent un lieu où plusieurs personnes viennent puiser de l'eau. Sur la première, un bassin avec des fontaines; sur la deuxième un puits. Ces scènes se rapprochent des citations d'*Isaïe* et des *Nombres*.

The source of the Living Water [1]
'You will draw water joyfully from the springs of salvation'.
The Bible features several passages on the healing, even divine power of water. The two scenes depict places where people come to fetch water. The first shows a large reservoir with fountains, the second a well. Both scenes can be linked to citations from *Isaiah* and *Numbers*.

➠ **C22**-C23 📖 Jes/Is/Isa: 12,3; Num/Nb/Num: 21,16-18; Ps: 36,10; Joh/Jn/John: 7,37-39

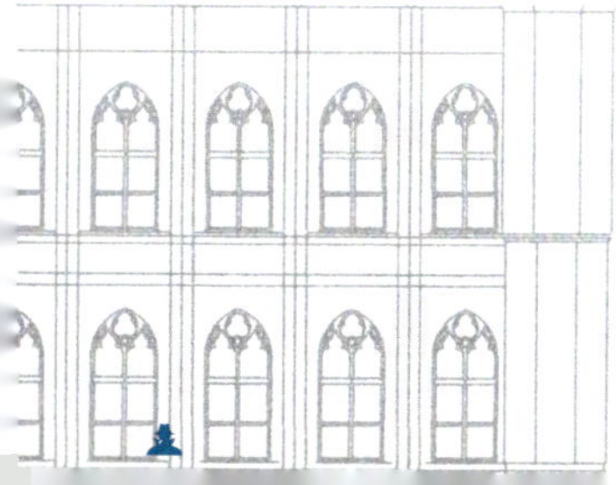

Eberwyn Verrusalem

EBERWYN VERRUSALEM, edelman. Stamvader van een van de zeven Leuvense patriciërsfamilies.

zwaard en wapenschild

EBERWYN VERRUSALEM, noble. Ancêtre d'une des sept familles patriciennes de Leuven.

épée et écusson

EBERWYN VERRUSALEM, nobleman. Ancestor of one of the seven patrician families of Leuven.

sword and escutcheon

François Vermeylen sr.

De bron van het Levend Water [2]
'Roep het volk bijeen, dan zal ik het water geven'.

La source de l'Eau Vive [2]
'Rassemble le peuple et je leur donnerai de l'eau'.

The source of the Living Water [2]
'Call the people together and I will give them water'.

➠ C22-**C23** 📖 Jes/Is/Isa: 12,3; Num/Nb/Num: 21,16-18; Ps: 36,10; Joh/Jn/John: 7,37-39

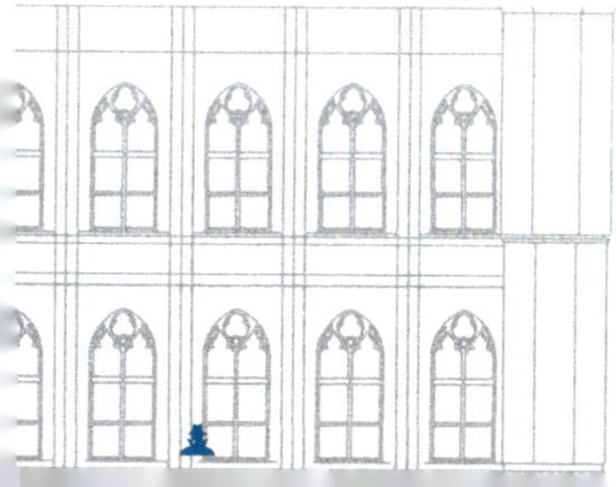

C24 O.-L.-Vrouw van Zeven Weeën

- Onze-Lieve-Vrouw van Zeven Weeën, patrones van de Grote Gilde van de Oude Kruisboog.

- Notre-Dame des Sept Douleurs, patronne du Grand Serment de la Vieille Arbalète.

- Our Lady of the Seven Sorrows, patron saint of the Grand Guild of the Ancient Arbalest (Crossbow).

⚒ François Vermeylen sr.

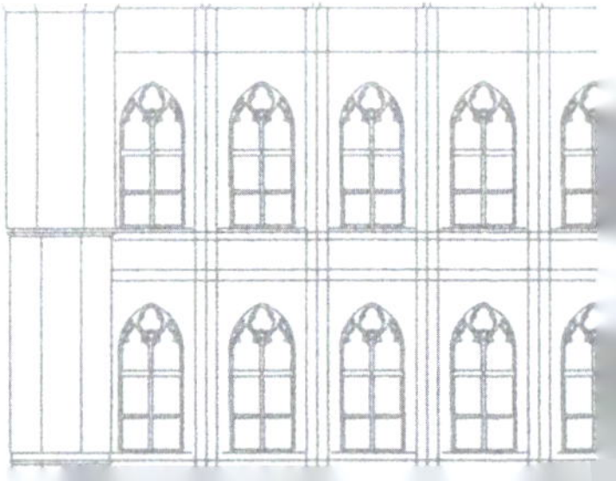

Heliodorus en de tempelschat [1]
In opdracht van Seleukus IV, koning van Asia, moet zijn kanselier Heliodorus beslag leggen op de tempelschat in Jeruzalem. De bewaker, de hogepriester Onias III, roept de onschendbaarheid van de tempel in.

Héliodore et le trésor du temple [1]
Sur l'ordre de Séleucus IV, roi d'Asie, son chancelier Héliodore s'approprie le trésor du temple de Jérusalem. Onias III, le grand prêtre et gardien du trésor, invoque l'inviolabilité du temple.

Heliodorus and the treasure of the temple [1]
Seleucus IV, King of Asia, orders his chancellor Heliodorus to seize the treasure of the temple in Jerusalem. Onias III, high priest and guardian of the treasure, invokes the temple's inviolability.

➡ **C24**-C25 📖 2 Mak/2 M/2 Macc: 3,1-39

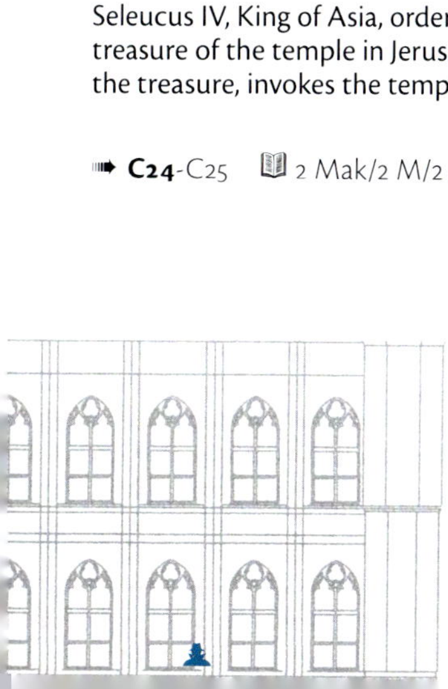

Sint-Joris

- SINT-JORIS (3de-4de eeuw), martelaar. Patroonheilige van de Kleine Gilde van de Oude Kruisboog.

  Joris doodt de draak met een speer

- SAINT GEORGES, martyre. Patron du Petit Serment de la Vieille Arbalète.

  Georges terrasse le dragon d'une lance

- ST. GEORGE, martyr. Patron saint of the Minor Guild of the Ancient Arbalest.

  George kills the dragon with a lance

⚒ François Vermeylen sr.
N 1976: Alois Van Gool

Heliodorus en de tempelschat [2]
Op het ogenblik dat Heliodorus de tempelschat binnenhaalt, verschijnt de Heer op een ontzagwekkende wijze: twee sterke en knappe mannen stellen zich op aan weerszijden van Heliodorus en ranselen hem duchtig af. Hij stort neer en zinkt weg in een 'diepe duisternis'.

Héliodore et le trésor du temple [2]
Au moment de l'enlèvement du trésor, Héliodore est frappé par une puissance divine: deux jeunes hommes d'une force extraordinaire et d'une grande beauté apparaissent. Ils se plaçent à côté d'Héliodore et le fustigent sans relâche. Il s'écroule et est enveloppé 'd'épaisses ténèbres'.

Heliodorus and the treasure of the temple [2]
Just as Heliodorus is about to seize the treasure of the temple, he is struck by a divine power: two strong and handsome young men come to stand on either side of him and flog him soundly. He collapses and sinks into 'a deep darkness'.

➡ C24-**C25** 📖2 Mak/2 M/2 Macc: 3,1-39

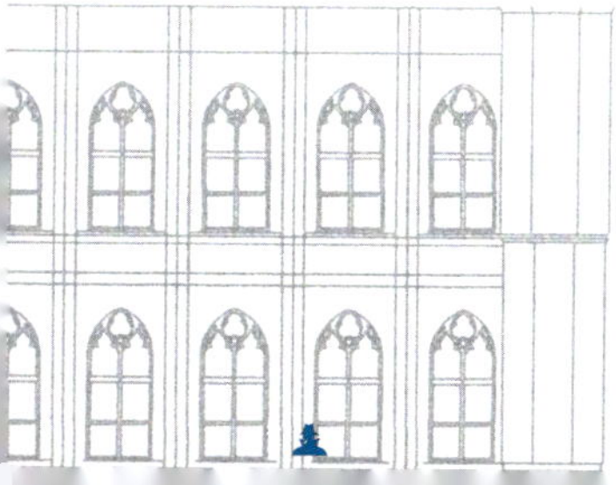

C26 Sint-Sebastiaan

SINT-SEBASTIAAN (3de eeuw), martelaar. Patroonheilige van de Gilde van de Handboog.

de armen van Sebastiaan zijn vastgemaakt aan een boomstam, boven zijn lendedoek pijl in rechterzijde

SAINT SÉBASTIEN, martyre. Patron du Serment de l'Arbalète.

les bras de Sébastien sont attaché à un tronc d'arbre, au-dessus de son pagne une flèche dans le côté droit

ST. SEBASTIAN, martyr. Patron saint of the Guild of the Handbow.

the arms of Sebastian are tied to a tree-trunk, with an arrow in his right side above the loincloth

⚒ François Vermeylen sr.

Ester en Mordechai [1]
Ester, de joodse gemalin van de Perzische koning Ahasveros [Xerxes], is de nicht van de jood Mordechai, een ambtenaar aan het hof. Deze weigert te knielen voor Haman, een hoge functionaris en een gunsteling van de koning, die op wraak zint. Met instemming van de koning laat Haman een decreet uitvaardigen waarbij de joden in het rijk moeten omgebracht worden, dus ook Ester en Mordechai.

Esther et Mardochée [1]
Esther, l'épouse juive d'Assuérus [Xerxès], le roi des Perses, est la nièce de Mardochée, employé à la cour. Quand Mardochée refuse de se prosterner devant Aman, haut fonctionnaire et un protégé du roi, celui-ci nourrit des pensées de vengeance. Avec le consentement du roi, Aman édicte alors que les juifs du royaume devront être exterminés, Esther et Mardochée inclus.

Esther and Mordecai [1]
Esther, the Jewish wife of Ahasuerus [Xerxes], king of Persia, is the niece of Mordecai, a court official. Mordecai refuses to kneel before Haman, a high-ranking official and a favourite of the king. Seeking revenge, Haman obtains royal permission to issue a decree for the extermination of the Jews in the kingdom, including Esther and Mordecai.

➠ **C26**-C27 📖 Est/Esth

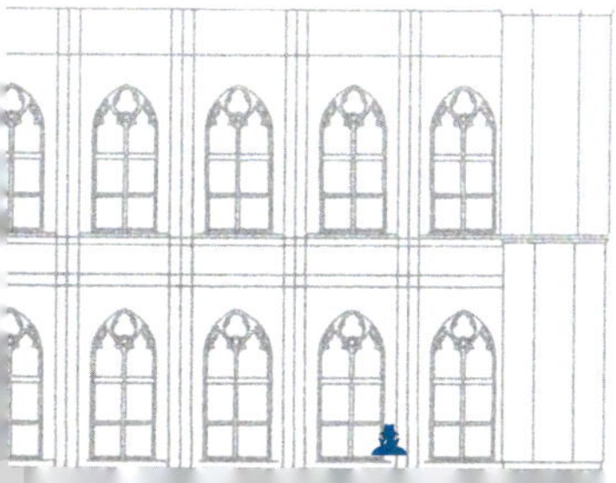

Sint-Christoffel

▶ SINT-CHRISTOFFEL, patroonheilige van de Kolveniersgilde. Een kolvenier was een schutter die de haakbus (voorloper van het geweer) hanteerde.

Jezuskind met wereldbol op rechterschouder, wandelstaf in beide handen

▶ SAINT CHRISTOPHE, patron du serment des arquebusiers ou des couleuvriniers. Un couleuvrinier était un tireur maniant l'arquebuse (prédécesseur du fusil).

l'enfant Jésus avec globe sur l'épaule droite, canne dans les deux mains

▶ ST. CHRISTOPHER, patron saint of the Guild of the Arquebusiers.
An arquebusier was a marksman armed with an arquebus (a forerunner of the rifle).

the infant Jesus with a globe on his right shoulder, staff in both hands

⚒ François Vermeylen sr.
N 1976: Louis Gérard

Ester en Mordechai [2]

Tijdens een banket waarbij de koning aanwezig is, onthult een radeloze Ester, in het bijzijn van Haman, diens hatelijke plan. De koning had eerst de draagwijdte van de zaak onderschat, maar laat nu Haman arresteren en opknopen. De joden worden gespaard en Mordechai, die al eerder een moordplan tegen de koning had weten te verijdelen, verwerft de functies van Haman. Hij rijdt met het koninklijke paard door de stad.

Esther et Mardochée [2]

Lors d'un banquet auquel le roi assiste, Esther, désespérée, révèle le plan odieux d'Aman, présent. Le roi, qui ne se doutait pas de l'ampleur du décret d'Aman, le met en état d'arrestation et le fait pendre. Les juifs sont épargnés, et Mardochée qui, auparavant, avait déjoué un attentat contre le roi, reçoit les fonctions d'Aman et traverse la ville en chevauchant.

Esther and Mordecai [2]

During a banquet in the presence of both the king and Haman, the desperate Esther reveals Haman's hideous plan. The king, who had initially underestimated the extent of Haman's decree, now orders his arrest and hanging. The Jews are spared. Mordecai, who had earlier foiled a plan to kill the king, is now given Haman's position and rides the king's horse through the city.

➠ C26-**C27** Est/Esth

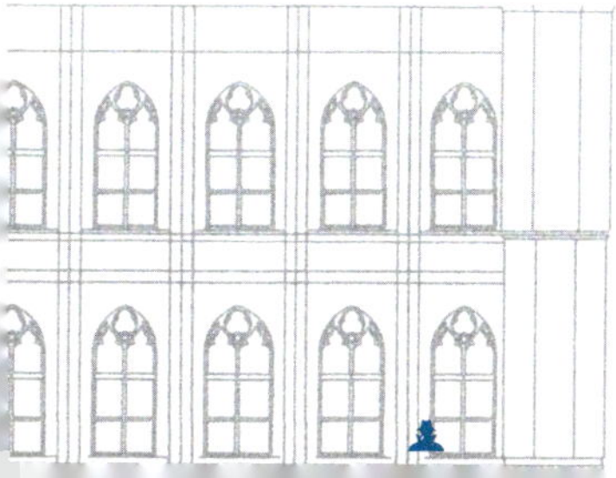

Sint-Nicolaas

▸ SINT-NICOLAAS (3de – 4de eeuw), bisschop van Myra. Patroonheilige van de schippers en de kremers.

bisschopsmijter en pallium, kuip met drie kinderen aan rechtervoet

▸ SAINT NICOLAS, évêque de Myre. Patron des mariniers et des merciers.

mitre épiscopale et pallium, cuve avec trois enfants au pied droit

▸ ST. NICHOLAS, Bishop of Myra. Patron saint of sailors and mercers.

bishop's mitre and pallium, wooden barrel with three children at his right foot

⚒ François Vermeylen sr.
N 1979: Louis Gérard

Vijf episodes uit het leven van Herodes de Grote [1]
Herodes, koning van Juda, is op zoek naar financiële middelen en laat het graf van koning David openbreken in de hoop er veel geld te vinden. Na een dodelijk incident met twee van zijn lijfwachten laat hij een enorm gedenkteken als zoenoffer oprichten.

Cinq épisodes de la vie d'Hérode le Grand [1]
Hérode, roi de Juda, à la recherche de ressources financières, fait ouvrir la tombe du roi David pour y découvrir de l'argent. Après un incident mortel qui a surpris deux de ses gardes de corps, il érige une stèle énorme comme sacrifice expiatoire.

Five episodes from the life of Herod the Great [1]
Herod, King of Judah, in need of financial resources, opens the tomb of King David hoping to find a large amount of money. Following a fatal accident involving two of his bodyguards, he erects a large memorial as expiation.

➟ **C28**-C29-C30-C31-C32 📖 Flavius Josephus, *Antiquitates Judaicae XIV-XVI*

C29 Sint-Arnoldus

Sint-Arnoldus († 641), bisschop van Metz. Patroonheilige van de bierbrouwers en herbergiers.

bisschopsmijter en pallium, tekstrol in rechterhand, stuikmand met roervork in linkerhand

Saint Arnoul, évêque de Metz. Patron des brasseurs et des aubergistes.

mitre épiscopale et pallium, rouleau dans la main droite, panier de brassage avec agitateur dans la main gauche

St. Arnold, bishop of Metz. Patron saint of brewers and innkeepers.

bishop's mitre and pallium, scroll in right hand, wort filter basket and stirring fork in left hand

⚒ François Vermeylen sr.

▶ **Vijf episodes uit het leven van Herodes de Grote [2]**
Hyrkanos II, joodse koning en hogepriester, wordt, vanwege zijn politiek gekonkel met de Romeinen, door zijn neef Antigonos verminkt. Teneinde hem voor altijd van het hogepriesterschap uit te sluiten – functie die alleen toekomt aan iemand gaaf van lijf en leden – worden hem zijn beide oren afgesneden.

▶ **Cinq épisodes de la vie d'Hérode le Grand [2]**
Hyrcan II, roi et grand prêtre juif, à cause de ses conciliabules avec les Romains, est mutilé par Antigone, son neveu. Afin de l'exclure définitivement de la dignité de grand prêtre – fonction qui n'était réservée qu'à ceux qui sont sans défaut corporel – il lui coupe les deux oreilles.

▶ **Five episodes from the life of Herod the Great [2]**
The Jewish king and high priest Hyrkanos II is mutilated by his nephew Antigonos because of his political scheming with the Romans. Antigonos cuts off both his ears in order to ensure his permanent exclusion from the office of high priest, which was restricted to those without any physical defects.

➠ C28-**C29**-C30-C31-C32 📖 Flavius Josephus, *Antiquitates Judaicae XIV-XVI*

Sint-Livinus

- **Sint-Livinus** (7de eeuw), bisschop en martelaar. Patroonheilige van de beenhouwers.

  👁 bisschopsmijter en pallium, nijptang met uitgerukte tong in linkerhand

- **Saint Liévin**, évêque et martyr. Patron des bouchers.

  👁 mitre épiscopale et pallium, tenailles avec langue arrachée dans la main gauche

- **St. Livinus**, Bishop and martyr. Patron saint of butchers.

  👁 bishop's mitre and pallium, pincers and ripped out tongue in left hand

⚒ François Vermeylen sr.

Vijf episodes uit het leven van Herodes de Grote [3]
Geconfronteerd met familiale ruzies en kuiperijen, verdenkt Herodes zijn zonen Alexander en Aristoboulos van samenzwering. Zij zijn tevens het mikpunt van haat en afgunst vanwege Salome, de kleindochter van Herodes die met zijn zoon Filippus is gehuwd en allebei centraal staan op de kraagsteen.

Cinq épisodes de la vie d'Hérode le Grand [3]
Hérode, confronté aux querelles et intrigues familiales, soupçonne ses deux fils Alexandre et Aristobule de conjuration. Ils sont même pris comme cible de jalousie et de haine par Salomé, la petite-fille d'Hérode qui s'était mariée avec son fils Philippe, tous les deux représentés sur le corbeau.

Five episodes from the life of Herod the Great [3]
Confronted with strife and intrigue in his family, Herod suspects his sons Alexander and Aristobulos of conspiracy. They are also envied and hated by Salome, Herod's granddaughter who is married to his son, Philip, both of whom are represented in the centre of the corbel.

➠ C28-C29-**C30**-C31-C32 📖 Flavius Josephus, *Antiquitates Judaicae XIV-XVI*

C31

Mattheüs

MATTHEÜS, apostel en evangelist. Patroonheilige van het Groot Ambacht. Dat groepeerde de schrijnwerkers (waaronder kuipers en wagenmakers), de timmerlieden (waaronder houtverkopers) en de smeden (waaronder slotenmakers en horlogemakers).

open tekstrol in linkerhand, kleine engel aan linkerzijde

SAINT MATTHIEU, apôtre et évangéliste. Patron du Grand-Métier qui était composé de menuisiers (dont les tonneliers et les charrons), de charpentiers (dont les vendeurs de bois), et de forgerons (dont les serruriers et les horlogers).

rouleau ouvert dans la main gauche, petit ange du côté gauche

ST. MATTHEW, Apostle and evangelist. Patron saint of the Great Trade which grouped together joiners (including coopers and wheelwrights), carpenters (including wood merchants) and smiths (including locksmiths, and watchmakers).

open scroll in left hand, small angel at left side

⚒ François Vermeylen sr.

Vijf episodes uit het leven van Herodes de Grote [4]
Herodes laat, na tal van onverkwikkelijke processen, zijn twee zonen wurgen.

Cinq épisodes de la vie d'Hérode le Grand [4]
Après de nombreux procès sordides, Hérode fait étrangler ses deux fils.

Five episodes from the life of Herod the Great [4]
After many infamous trials, Herod has his two sons strangled.

C28-C29-C30-**C31**-C32 Flavius Josephus, *Antiquitates Judaicae XIV-XVI*
N: Louis Gérard

C32 Sint-Autbertus

▶ SINT-AUTBERTUS (7de eeuw), bisschop van Atrecht en Kamerijk. Patroonheilige van de bakkers.

👁 bisschopsmijter en pallium, brood in linkerhand

▶ SAINT AUBERT, évêque d'Arras et de Cambrai. Patron des boulangers.

👁 mitre épiscopale et pallium, pain dans la main gauche

▶ ST. AUBERT, Bishop of Arras and Cambrai. Patron saint of bakers.

👁 bishop's mitre and pallium, loaf of bread in left hand

⚒ François Vermeylen sr.

Vijf episodes uit het leven van Herodes de Grote [5]
Mariamne, een van de vrouwen van Herodes en moeder van Alexander en Aristoboulos, wordt gefolterd en ter dood gebracht.

Cinq épisodes de la vie d'Hérode le Grand [5]
Mariamne, une des femmes d'Hérode et mère d'Alexandre et d'Aristobule, est menée au supplice et mise à mort.

Five episodes from the life of Herod the Great [5]
Mariamne, one of King Herod's wives and mother of Alexander and Aristobulos, is tortured and killed.

➠ C28-C29-C30-C31-**C32** 📖 Flavius Josephus, *Antiquitates Judaicae XIV-XVI*
⚒ N: Louis Gérard

Sint-Martinus

Sint-Martinus (4de eeuw), bisschop van Tours. Patroonheilige van de kleermakers, de oud-kleerkopers en bontwerkers.

Martinus snijdt met een zwaard zijn mantel in twee om de helft aan een arme te geven

Saint Martin, évêque de Tours. Patron des tailleurs, des fripiers et des pelletiers.

Martin coupe à l'épée son manteau en deux afin de donner la moitié à un pauvre

St. Martin, Bishop of Tours. Patron saint of tailors, ragmen and furriers.

Martin cuts his coat in two with a sword so as to give half to a poor man

⚒ Paul De Vigne

▶ **Het huwelijk (?)**
Voor een poortgebouw wordt een paar door een priester in de echt verbonden. Een verwijzing naar het huwelijk van Isaak en Rebekka, van Boaz en Ruth, van Mikal en Palti, of van Tobit en Sarah?

▶ **Le mariage (?)**
Devant un portail un couple, en présence d'un prêtre, est uni par les liens du mariage. S'agit-il du mariage d'Isaac et de Rebecca, de Booz et de Ruth, de Mikal et de Palti, ou de Tobie et de Sara ?

▶ **The marriage (?)**
A priest marries a couple before a portal. Is this a reference to the marriage of Isaac and Rebecca, Boaz and Ruth, Mikal and Palti, or of Tobias and Sara?

➟ **C33** 📖 (?) Gen: 24; Rt: 4; 1 S: 25,44; Tob: 7-8
⚒ N: Louis Gérard

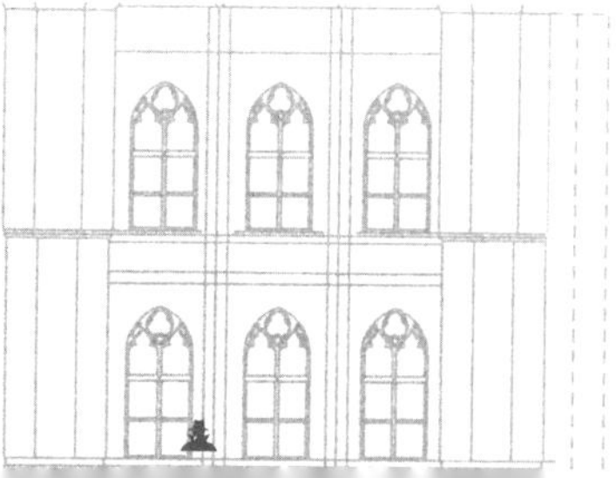

C34 Bartholomeüs

▶ BARTHOLOMEÜS, apostel. Patroonheilige van de vettewariërs en de huidevetters.

👁 mes in linkerhand

▶ SAINT BARTHÉLEMY, apôtre. Patron des graisseurs et des tanneurs.

👁 couteau dans la main gauche

▶ ST. BARTHOLOMEW, Apostle. Patron saint of oil merchants and tanners.

👁 knife in left hand

⚒ Paul De Vigne
N 1979: Louis Gérard

▶ **De genezing van de knecht van de honderdman (?)**
Voor een huis, waarin een bedlegerig persoon wordt verzorgd, knuppelen demonen een groep mensen neer. Misschien verwijst deze dubbele scène naar de genezing door Jezus van de knecht van de honderdman. Hij prijst diens geloof en vertrouwt hem toe: '*velen uit het oosten en uit het westen zullen komen en met Abraham, Isaak en Jakob zullen aanliggen in het koninkrijk van de hemel, maar de erfgenamen van het koninkrijk zullen worden verbannen naar de uiterste duisternis; daar zullen zij jammeren en knarsetanden*'.

▶ **La guérison du serviteur du centurion (?)**
Plusieurs personnes sont assommées par des démons devant une maison, dans laquelle une personne qui est alitée est soignée. Peut-être cette double scène s'en réfère à la guérison par Jésus du serviteur du centurion. Jésus loue sa foi et lui confie: '*beaucoup viendront du levant et du couchant prendre place au festin avec Abraham, Isaac et Jacob, dans le Royaume des Cieux, tandis que les fils du Royaume seront jetés dans les ténèbres extérieures: là il y aura les pleurs et les grincements de dents*'.

▶ **The healing of the centurion's servant (?)**
In front of a house, where a bedridden person is being looked after, some people are knocked down by demons. This double scene probably refers to the healing by Jesus of the centurion's servant. Jesus praises his faith and says to him: '*many will come from east and west and sit down with Abraham and Isaac and Jacob at the feast in the kingdom of Heaven; but the children of the kingdom will be thrown out into the darkness outside, where there will be weeping and grinding of teeth*'.

➠ **C34** 📖 Mt: 8,5-13 ⚒ N 1979: Louis Gérard

C35 Sint-Crispinus

▸ SINT-CRISPINUS (Soissons, 3de eeuw), martelaar. Patroonheilige van de schoenmakers.

👁 schoen in linkerhand

▸ SAINT CRÉPIN, martyre. Patron des cordonniers.

👁 soulier dans la main gauche

▸ ST. CRISPIN, martyr. Patron saint of shoemakers.

👁 shoe in left hand

⚒ François Vermeylen sr.

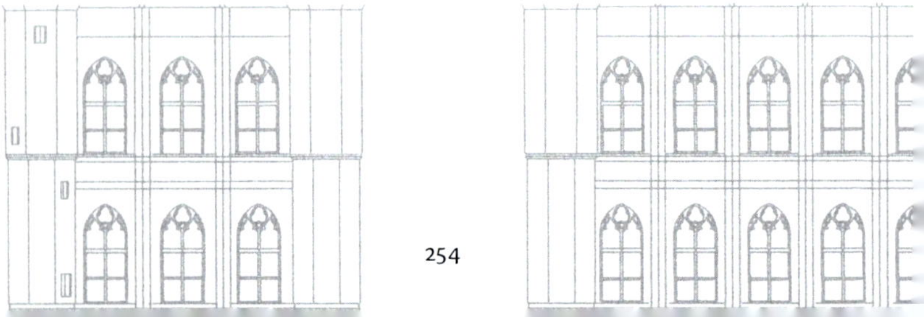

Het heilig misoffer en de instelling van de eucharistie [1] (?)
De priester staat voor het altaar en consacreert de hostie en de kelk. Rechts van hem de handwassing die de consecratie voorafgaat.

Le sacrifice de la sainte messe et l'instauration de l'eucharistie [1] (?)
Le prêtre consacre l'hostie et le calice à l'autel. A sa droite la purification des mains, acte qui précède la consécration.

The sacrifice of the Mass and the instauration of the Eucharist [1] (?)
In front of the altar, the priest consecrates the bread and wine. Note on his right the washing of hands that precedes the consecration.

➠ **C35**-C36

⚒ N: Louis Gérard

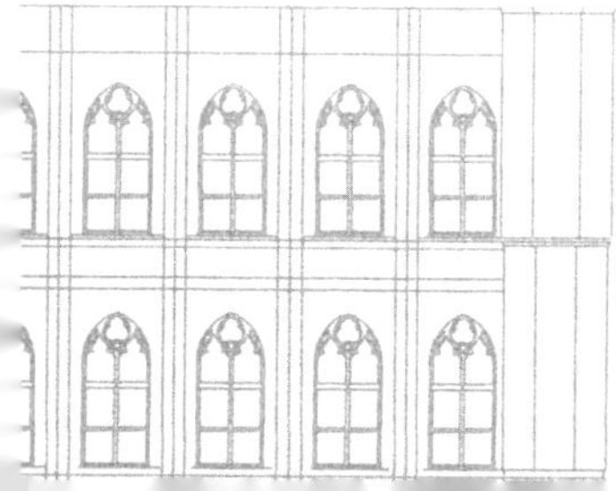

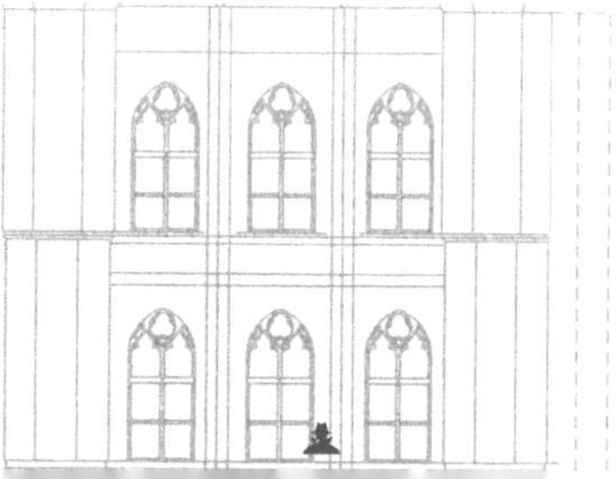

C36 Sint-Jozef

- SINT-JOZEF, pleegvader van Jezus. Patroonheilige van de schrijnwerkers.

  lelie in rechterhand

- SAINT JOSEPH, père nourricier de Jésus. Patron des écreniers.

  lis dans la main droite

- ST. JOSEPH, foster father of Jesus. Patron saint of carpenters.

  lily in right hand

François Vermeylen sr.
N 1982: Louis Gérard

Het heilig misoffer en de instelling van de eucharistie [2] (?)
De verheerlijking van Christus in brood en wijn na de consecratie.
Boven het altaar troont God. Hij wordt geflankeerd door vier engelen met een wierookvat.

Le sacrifice de la sainte messe et l'instauration de l'eucharistie [2] (?)
La glorification du Christ dans le pain et le vin après la consécration.
Au-dessus de l'autel trône Dieu. Il est flanqué de quatre anges avec un encensoir.

The sacrifice of the Mass and the instauration of the Eucharist [2] (?)
The glorification of Christ in the bread and the wine after the consecration.
Above the altar God sits enthroned, flanked by four angels with a censer.

➠ C35-**C36**
⚒ N: Louis Gérard

C37 Sint-Cosmas

SINT-COSMAS (3de eeuw), arts en martelaar. Patroonheilige van de chirurgijns en de barbiers. Samen met zijn tweelingbroer Damianus, apotheker, wordt hij vooral in de Byzantijnse kerk vereerd.

urineglas in beide handen

SAINT COSME, médecin et martyr. Patron des chirurgiens et des barbiers. Avec son frère jumeau Damien, pharmacien, il est surtout vénéré dans l'église byzantine.

urinal tenu dans les deux mains

ST. COSMAS, physician and martyr. Patron saint of surgeons and barbers. Together with his twin brother, Damian, a pharmacist, he is especially venerated in the Byzantine church.

glass phial for urine in both hands

⚒ Henri & Joseph Goyers

- **Vijf episodes uit het leven van Daniël in Babylonië [1]**
  Nebukadnessar II, koning van Babylonië, belegert Jeruzalem en legt beslag op de tempelschat. Jojakim, de koning van Juda, en vele joden worden in ballingschap weggevoerd.

- **Cinq épisodes de la vie de Daniel à Babylone [1]**
  Nabuchodonosor II, roi de Babylone, après avoir assiégé Jérusalem et saisi le trésor du temple, fait déporter Joachim, le roi de Juda, et beaucoup de juifs.

- **Five episodes from the life of Daniel in Babylon [1]**
  Nebuchadnezzar II, King of Babylon, besieges Jerusalem and seizes the temple treasure. Joakim, King of Judah, and many Jews are sent into exile.

→ **C37**-C38-C39-C40-C41 📖 Dan/Dn/Dan: 1,1-2

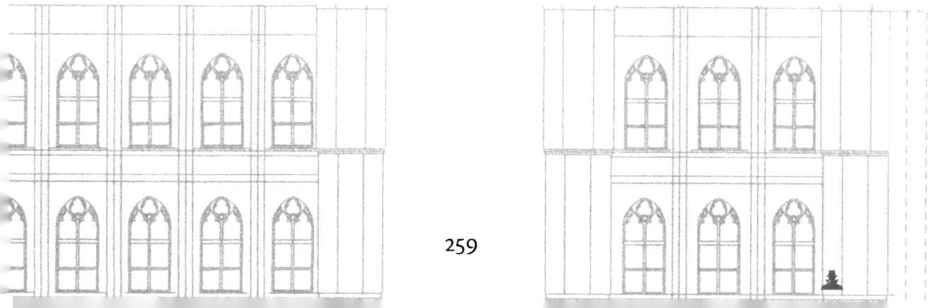

Sint-Albertus

SINT-ALBERTUS VAN LEUVEN († Reims, 1192), bisschop van Luik en martelaar. Tweede zoon uit het eerste huwelijk van Godfried III (D8) met Margaretha van Limburg. Jongere broer van Hendrik I (D10).

bisschopsmijter en pallium, bisschopsstaf in de rechterhand

SAINT ALBERT DE LEUVEN, évêque de Liège et martyr. Second fils issu du premier mariage de Godefroid III (D8) avec Marguerite de Limbourg. Frère cadet d'Henri I (D10).

mitre épiscopale et pallium, crosse épiscopale dans la main droite

ST. ALBERT OF LEUVEN, Bishop of Liège and martyr. Second son from the first marriage of Godfrey III (D8) to Margaret of Limburg. Younger brother of Henry I (D10).

bishop's mitre and pallium, crozier in right hand

⚒ Henri & Joseph Goyers

Vijf episodes uit het leven van Daniël in Babylonië [2]
De koning geeft opdracht aan Aspenaz, zijn hofmaarschalk, uit de ballingen enkele gezonde, knappe jongelingen te kiezen om dienst te doen in zijn paleis. Onder hen de Judeeërs Daniël en zijn drie vrienden.

Cinq épisodes de la vie de Daniel à Babylone [2]
Le roi ordonne à Ashpénaz, le majordome, de choisir parmi les exilés quelques jeunes gens, sains et beaux, afin qu'ils se tiennent au service du roi. Parmi eux, les Judéens Daniel et trois de ses amis.

Five episodes from the life of Daniel in Babylon [2]
The king orders Ashpenaz, his chief marshall, to choose from among the exiles a few healthy and handsome young men to serve in the king's palace. Among these are the Judeans, Daniel and three of his friends.

➠ C37-**C38**-C39-C40-C41 📖 Dan/Dn/Dan: 1,1-2

C39 Fiere Margriet

▶ MARGARETHA VAN LEUVEN (Leuven, begin 13de eeuw), volksheilige. Met de bijnaam *Fier* diende Margriet – althans volgens de legende – in de herberg van haar oom te Leuven. Toen daar in pelgrims vermomde bandieten langskwamen en wijn vroegen, stuurde de oom Margriet naar de wijnpers. Ondertussen werd hij met zijn vrouw door de valse pelgrims vermoord. Bij haar terugkeer onderging Margriet hetzelfde lot. Haar lijk werd in de Dijle gegooid, maar dreef stroomopwaarts de stad in. Haar vermeende relieken worden in de Sint-Pieterskerk bewaard in een modern schrijn (1902).

👁 wijnkruik in beide handen

▶ La bienheureuse MARGUERITE DE LEUVEN. Avec son surnom la *Fière*, Marguerite – du moins selon la légende – était en service dans l'auberge de son oncle à Leuven. Lorsque des bandits déguisés en pèlerin y passèrent et demandèrent du vin, l'oncle envoya Marguerite chercher du vin au pressoir. Dans l'entretemps, celui-ci fut massacré avec sa femme par les faux pèlerins. A son retour, Marguerite subit le même sort. Son corps fut jeté dans la Dijle, mais flotta à contre courant vers la ville. Ses prétendues reliques sont conservées à l'église Saint-Pierre dans une châsse moderne (1902).

👁 cruche à vin dans les deux mains

▶ MARGARET OF LEUVEN, a popular saint. According to legend, Margaret – nicknamed the *Proud* – worked in her uncle's tavern in Leuven. When some bandits, disguised as pilgrims, came one day and asked for wine, she was sent by her uncle to the winepress. While she was away, he and his wife were killed by the imposter pilgrims. The same fate awaited Margaret on her return. Her body was thrown into the Dijle river, but floated upstream into the town. Relics thought to be hers are kept in St. Peter's Church in a modern shrine (1902).

👁 wine jar in both hands

⚒ Henri & Joseph Goyers
N 1982: Louis Gérard

Vijf episodes uit het leven van Daniël in Babylonië [3]
Hun opleiding zou drie jaar duren. Daarna zouden ze in dienst treden bij de koning.

Cinq épisodes de la vie de Daniel à Babylone [3]
Leur formation devait durer trois ans, après quoi ils entreraient au service du roi.

Five episodes from the life of Daniel in Babylon [3]
Their education would take three years. Then they would enter the king's service.

➠ C37-C38-**C39**-C40-C41 📖 Dan/Dn/Dan: 1,1-2

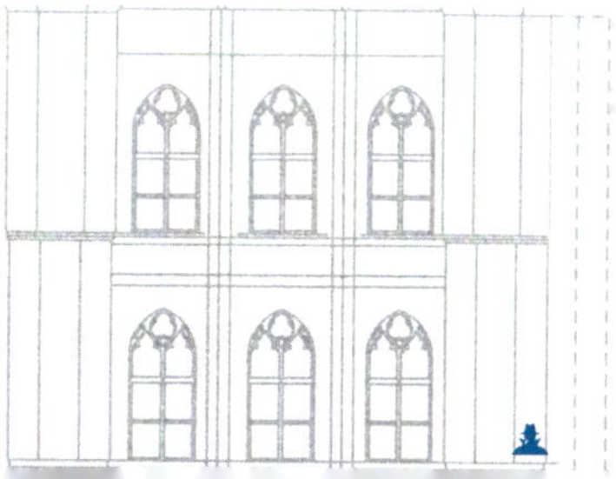

Arnulf van Karinthië

▶ ARNULF VAN KARINTHIË (ca. 850 – 899), onwettige zoon van Karloman van Beieren. Hij was hertog van Karinthië, vanaf 887 koning van Oost-Francië, in 894 koning van Italië en in 896 keizer van het Heilige Roomse Rijk. Volgens de overlevering versloeg hij in 891 de Noormannen te Leuven.

👁 kroon

▶ ARNOUL DE CARINTHIE, fils illégitime de Carloman de Bavière. Il était duc de Carinthie, depuis 887 roi de Germanie et de Lorraine, en 894 roi d'Italie et en 896 souverain du Saint-Empire romain. Selon la tradition, il défit les Normands à Leuven en 891.

👁 couronne

▶ ARNULF OF CARINTHIA, illegitimate son of Carloman of Bavaria. Duke of Carinthia, from 887 King of East Francia, from 894 King of Italy and from 896 Holy Roman Emperor. According to legend, he defeated the Vikings in Leuven in 891.

👁 crown

⚒ Henri & Joseph Goyers

Vijf episodes uit het leven van Daniël in Babylonië [4]
Op last van de koning, worden Daniël en zijn vrienden, verplicht diens eet- en drankgewoonten te volgen. Daniël weigert en houdt zich strikt aan de joodse spijswetgeving.

Cinq épisodes de la vie de Daniel à Babylone [4]
Le roi ordonne à Daniel et ses amis de manger et de boire, comme lui, copieusement la nourriture et les boissons qu'il consomme. Daniel refuse, il respecte strictement les préceptes juifs.

Five episodes from the life of Daniel in Babylon [4]
The king orders Daniel and his friends to follow his own lavish eating and drinking habits. Daniel refuses, and adheres strictly to the Jewish food regulations.

➠ C37-C38-C39-**C40**-C41 📖 Dan/Dn/Dan: 1,1-2

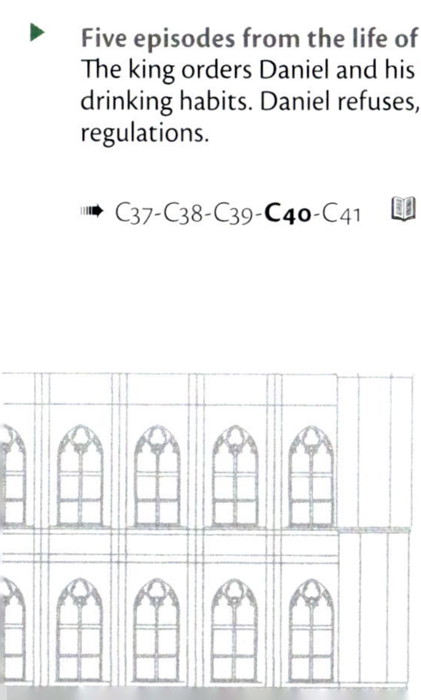

Andreas Vesalius

ANDREAS VESALIUS / Andries van Wesel (Brussel, 1514 – Zakynthos, ten gevolge van een schipbreuk, 1564), studeerde aan het *Collegium Trilingue* en geneeskunde aan de Universiteit, en vervolgens anatomie in Parijs en Padua. Tijdens zijn tweede verblijf te Leuven (1536-1537) gaf hij anatomische demonstraties. Zijn bevindingen schreef hij neer in *De humani corporis fabrica* (Bazel, 1543). Daarna werd hij geneesheer van Karel V (D27) en Filips II (D28).

doodshoofd in linkerhand

ANDRÉ VÉSALE, étudia au *Collegium Trilingue* et la médecine à l'Université, puis l'anatomie à Paris et à Padoue. Durant son second séjour à Leuven (1536-1537), il donna des démonstrations en anatomie. Ses expériences furent consignées dans un ouvrage traitant la structure du corps humain (1543). Par la suite, il devint le médecin de Charles Quint (D27) et de Philippe II (D28).

crâne dans la main gauche

ANDREAS VESALIUS, studied languages at the *Collegium Trilingue* and medicine at the University, and subsequently anatomy in Paris and Padua. He gave demonstrations in anatomy in Leuven during his second stay there (1536-1537), and published his findings in a book on the structure of the human body (1543). He then became physician to Charles V (D27) and Philip II (D28).

skull in left hand

N 1903: François Vermeylen jr. & Benoît Van Uytvanck

Vijf episodes uit het leven van Daniël in Babylonië [5]
Daniël is de enige die een mysterieuze droom van de koning zinvol kan verklaren. Daarop overlaadt de koning hem met geschenken en gelast hem met een hoge functie.

Cinq épisodes de la vie de Daniel à Babylone [5]
Lorsque le roi eût un rêve mystérieux, Daniel fut la seule personne qui put donner une interprétation significative. Le roi le couvre de cadeaux et lui offre en récompense une haute fonction.

Five episodes from the life of Daniel in Babylon [5]
Once, when the king has a mysterious dream, only Daniel is able to give a meaningful explanation. As compensation the king lavishes him with many gifts and gives him a high position.

➠ C37-C38-C39-C40-**C41** 📖 Dan/Dn/Dan: 1,1-2

D1

Lambert I

LAMBERT I *met de Baard* (ca. 950 – Florennes, 1015), eerste graaf van Leuven (1003-1015). Door zijn huwelijk kwam hij in het bezit van Brussel, Vilvoorde, Tervuren, Asse en een deel van het Zoniënwoud. Hij bouwde een burcht op *'s-Hertogeneiland* te Leuven.

👁 zwaard en schild

LAMBERT I *le Barbu*, premier comte de Leuven. Par son mariage, il acquit Bruxelles, Vilvorde, Tervueren, Asse et une partie de la forêt de Soignes. Il construisit un château sur l'île *'s-Hertogeneiland* à Leuven.

👁 épée et bouclier

LAMBERT I *the Bearded*, first Count of Leuven. On marriage, he came into possession of Brussels, Vilvoorde, Tervuren, Asse and part of the forest of Soignes. He built a castle on *'s-Hertogeneiland* in Leuven.

👁 sword and shield

⚒ Gérard Vander Linden

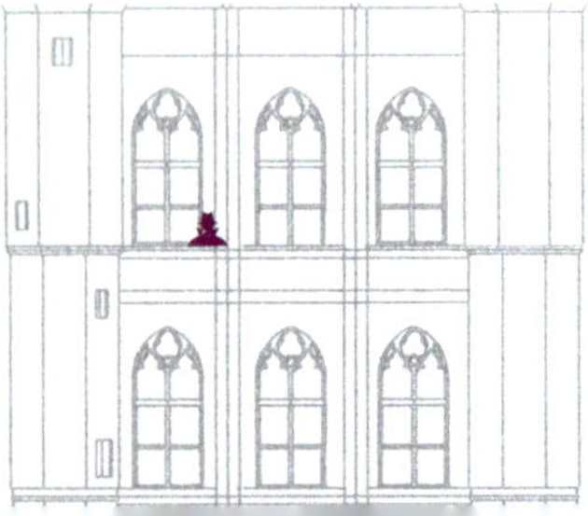

De valse profeet [1]
Een profeet, omringd door demonen en volgelingen, predikt bedrog en verleiding.

Le faux prophète [1]
Un prophète, entouré de démons et d'adeptes, prêche des mensonges et des tromperies.

The false prophet [1]
A prophet, surrounded by demons and followers, preaches deceit and temptation.

➠ **D1**-D2 📖 Ez/Ez/Ezek: 13,3-4; Mat/Mt/Matt: 7,15-19; Marc/Mc/Mark: 13,22-23

Otto

OTTO († 1041), graaf van Leuven (1038-1040). Vermoedelijke zoon van Hendrik I (D9).

zwaard

OTHON, comte de Leuven. Probablement le fils d'Henri I (D9).

épée

OTTO, Count of Leuven. Probably a son of Henry I (D9).

sword

Léon van Emelen

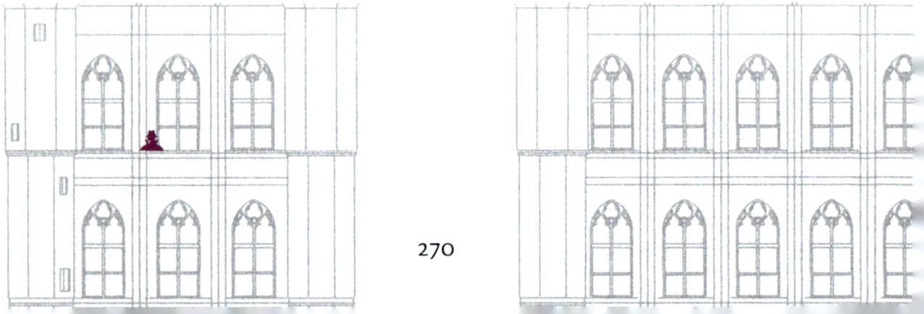

De valse profeet [2]
De valsheid van de profeet wordt ontdekt en hij wordt door de demonen in een vuurpoel geworpen. Bovenaan troont de Heer terwijl de omstanders zich van de bedrieger afwenden. Le faux prophète [2]

Le faux prophète [2]
La fourberie du prophète est découverte. Les démons le jettent dans l'abîme. Dieu trône tout en haut, les adeptes se détournent du mystificateur.

The false prophet [2]
The prophet's deceit is discovered. The demons throw him into the burning abyss. The Lord sits above on his throne, while the bystanders turn away from the impostor.

➟ D1-**D2** 📖 Ez/Ez/Ezek: 13,3-4; Mat/Mt/Matt: 7,15-19; Marc/Mc/Mark: 13,22-23

Lambert II

LAMBERT II *Balderik* (ca. 990 – 1062), graaf van Leuven (1041-1062). Jongste zoon van Lambert I (D1) en Gerberga van Neder-Lotharingen. Broer van Hendrik I (D9).

zwaard en schild

LAMBERT II *Balderic*, comte de Leuven. Fils cadet de Lambert I (D1) et de Gerberge de Basse-Lorraine. Frère d'Henri I (D9).

épée et bouclier

LAMBERT II *Baudry*, Count of Leuven. Youngest son of Lambert I (D1) and Gerberga of Lower Lorraine. Brother of Henry I (D9).

sword and shield

François Smeesters

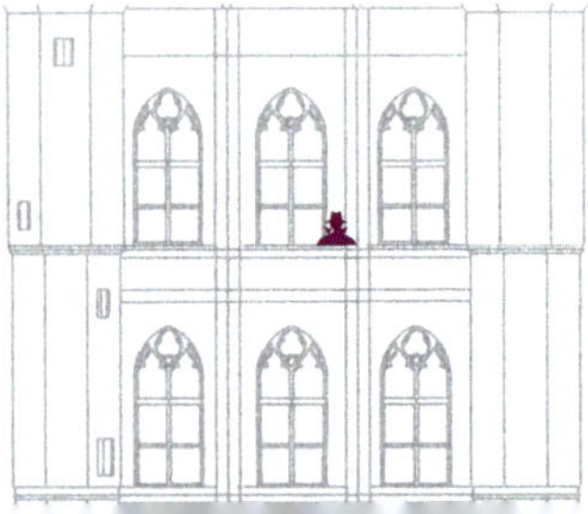

De glorie van God (?)
Centraal troont God met gespreide armen. In zijn linkerhand houdt Hij een onbekend voorwerp vast. Hij wordt geflankeerd door twee engelen die op een hoorn blazen. Aan zijn voeten een kind in een kribbe met links en rechts de moeder en de vader (Jezus, Maria, Jozef ?)

La gloire de Dieu (?)
Dieu trône au milieu à bras ouverts. Dans sa main gauche, il tient un objet non identifié. Il est flanqué de deux anges qui sonnent la trompe. A ses pieds, un enfant dans une crèche avec de part et d'autre la mère et le père (Jésus, Marie, Joseph ?).

The glory of God (?)
In the centre, God sits with open arms on his throne. In his left hand he holds an unidentified object. He is flanked by two angels blowing their horns. Below is a baby with the mother and father on both sides (Jesus, Mary, Joseph ?).

➠ **D3**

D4 Hendrik II

- Hendrik II (1020 – 1079), graaf van Leuven (1063-1079). Zoon van Lambert II (D3) en Oda van Verdun.

  schild.

- Henri II, comte de Leuven. Fils de Lambert II (D3) et d'Oda de Verdun.

  bouclier.

- Henry II, Count of Leuven. Son of Lambert II (D3) and Oda of Verdun.

  shield.

Henri & Joseph Goyers

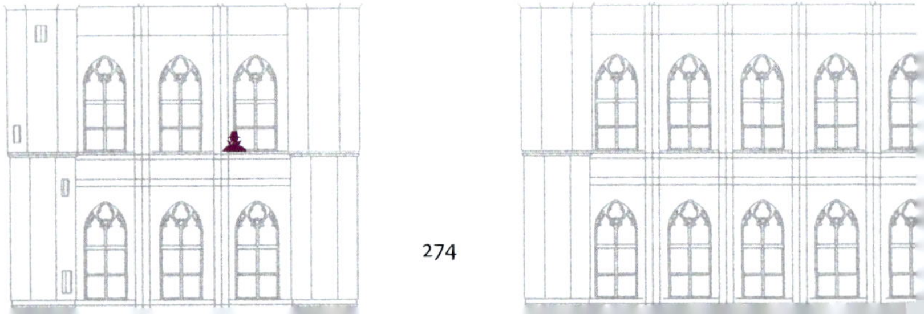

- **De aartsengel Michaël, zielenweger**
Zoals in vroeg-christelijke kunstuitingen wordt de aartsengel Michaël hier voorgesteld met een indrukwekkende kruisstaf en een weegschaal waarmee hij de zielen van de afgestorvenen weegt. Aan zijn rechterzijde verwelkomt de apostel Petrus, met een grote sleutel in de rechterhand en staande voor de poort van het hemelse koninkrijk, de uitverkorenen.

- **L'archange Michel, peseur d'âmes**
Inspiré par des sources d'art paléochrétiennes, l'archange Michel est représenté avec une immense crosse et une balance sur laquelle il pèse les âmes des trépassés. A sa droite saint Pierre accueille les élus, une grosse clé dans la main droite, devant la porte du royaume céleste.

- **The archangel Michael, weigher of souls**
Following early Christian art sources, the archangel Michael is represented here with a huge crozier and a scales for weighing the souls of the deceased. On his right side St. Peter, holding a large key in his right hand, stands at the gate of the kingdom of heaven welcoming the elect.

➠ D4

Hendrik III

▶ HENDRIK III *de Jonge* (ca. 1050 – Doornik, 1095), graaf van Leuven (1079-1095). Zoon van Hendrik II (D4) en Adela van Betuwe. Hij schonk uitgestrekte gronden aan de benedictijnenabdij van Affligem, moederabdij van de abdij van Vlierbeek Kessel-Lo (D6).

👁 zwaard

▶ HENRI III *le Jeune*, comte de Leuven. Fils d'Henri II (D4) et d'Adèle de Betuwe. Il fit don de vastes territoires à l'abbaye bénédictine d'Affligem, abbaye mère de l'abbaye de Vlierbeek Kessel-Lo (D6).

👁 épée

▶ HENRY III *the Younger*, Count of Leuven. Son of Henry II (D4) and Adele of Betuwe. He donated extensive lands to the benedictine Abbey of Affligem, the mother abbey of the Abbey of Vlierbeek Kessel-Lo (D6).

👁 sword

⚒ Henri & Joseph Goyers

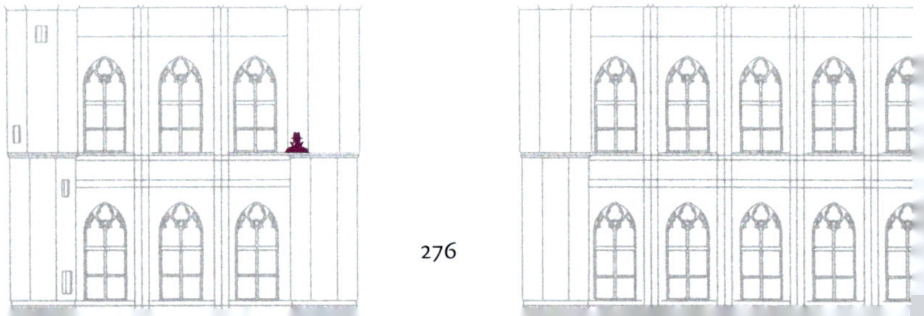

De opwekking van Lazarus [1]
Jezus verneemt het overlijden van Lazarus, broer van Martha en Maria, te Bethanië.

La résurrection de Lazare [1]
Jésus apprend la mort de Lazare, le frère de Marthe et de Marie à Béthanie.

The resurrection of Lazarus [1]
Jesus learns about the death of Lazarus, brother of Martha and Mary in Bethany.

➟ **D5**-D6-D7-D8-D9 📖 Joh/Jn/John: 11,1-44

D6

Godfried I

GODFRIED I *met de Baard* (ca. 1060 – 1139), graaf van Leuven (1095-1139) en hertog van Neder-Lotharingen. Broer van Hendrik III (D5). Stichting van de abdij van Vlierbeek Kessel-Lo (1125) en de Parkabdij Heverlee (1129).

schild

GODEFROID I *le Barbu*, comte de Leuven et duc de Basse-Lorraine. Frère d'Henri III (D5). Fondation de l'abbaye de Vlierbeek Kessel-Lo (1125) et de l'abbaye de Park Heverlee (1129).

bouclier

GODFREY I *the Bearded*, Count of Leuven and Duke of Lower Lorraine. Brother of Henry III (D5). Foundation of the Abbey of Vlierbeek Kessel-Lo (1125) and Park Abbey Heverlee (1129).

shield

Henri & Joseph Goyers

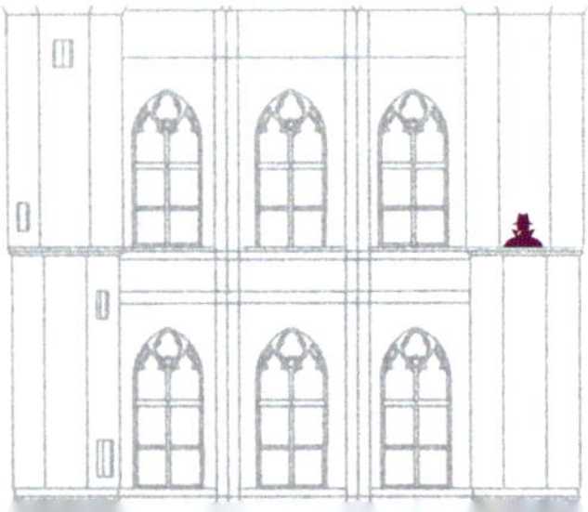

De opwekking van Lazarus [2]
Op weg naar de begraafplaats in Bethanië komt Martha Jezus tegemoet en zegt hem, *'Als u hier was geweest, Heer, zou mijn broer niet gestorven zijn'.*

La résurrection de Lazare [2]
En route vers le lieu de sépulture en Béthanie, Marthe va à la rencontre de Jésus et lui dit, *'Seigneur, si tu avais été ici, mon frère ne serait pas mort'.*

The resurrection of Lazarus [2]
On the way to the burial place in Bethany, Martha approaches Jesus and says to him, *'Lord, if you had been here, my brother would not have died'.*

➠ D5-**D6**-D7-D8-D9 📖 Joh/Jn/John: 11,1-44

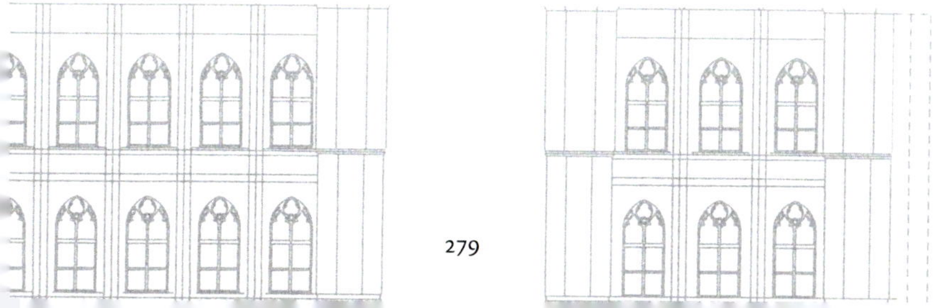

Godfried II

GODFRIED II *de Jonge* (ca. 1107 – 1142), graaf van Leuven (1139-1142) en hertog van Neder-Lotharingen. Zoon van Godfried I (D6) en Ida van Chiny.

zwaard en schild

GODEFROID II *le Jeune*, comte de Leuven et duc de Basse-Lorraine. Fils de Godefroid I (D6) et d'Ida de Chiny.

épée et bouclier

GODFREY II *the Younger*, Count of Leuven and Duke of Lower Lorraine. Son of Godfrey I (D6) and Ida of Chiny.

sword and shield

Henri & Joseph Goyers
N 1975: Vandekerckhove Ingelmunster

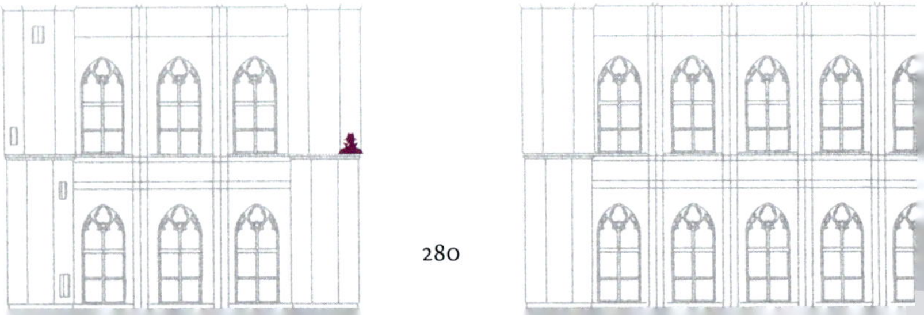

▶ **De opwekking van Lazarus [3]**
Op haar knieën voor Jezus, herhaalt Maria opnieuw dezelfde woorden, *'Als u hier was geweest, Heer, zou mijn broer niet gestorven zijn'.*

▶ **La résurrection de Lazare [3]**
Marie, se prosternant aux pieds de Jésus, répète de nouveau la même phrase, *'Seigneur, si tu avais été ici, mon frère ne serait pas mort'.*

▶ **The resurrection of Lazarus [3]**
Kneeling before Jesus, Mary repeats again the same words, *'Lord, if you had been here, my brother would not have died'.*

➠ D5-D6-**D7**-D8-D9 📖 Joh/Jn/John: 11,1-44

Godfried III

▸ Godfried III *de Moedige* (1141 – 1190), graaf van Leuven (1142-1190) en hertog van Neder-Lotharingen. Zoon van Godfried II (D7) en Lutgardis von Sulzbach. De bouw van de eerste Leuvense ringmuur werd aangevat, de lakennijverheid kwam tot hoge bloei.

schild

▸ Godefroid III *le Courageux*, comte de Leuven et duc de Basse-Lorraine. Fils de Godefroid II (D7) et de Lutgarde de Sulzbach. L'on commença la construction des premiers remparts à Leuven. L'industrie drapière connut un essor important.

bouclier

▸ Godfrey III, *the Courageous*, Count of Leuven and Duke of Lower Lorraine. Son of Godfrey II (D7) and Lutgarde of Sulzbach. Construction began on the first wall around Leuven. The cloth industry flourished.

shield

Henri & Joseph Goyers   R 1975: Alois Van Gool

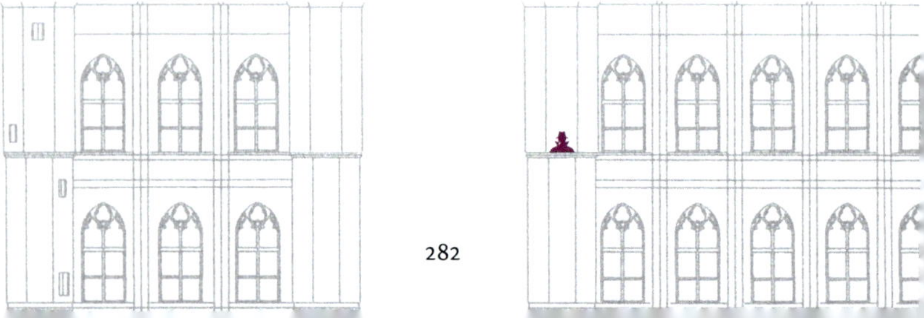

De opwekking van Lazarus [4]
Bij het graf vraagt Jezus de grafsteen te verwijderen.

La résurrection de Lazare [4]
Arrivé au tombeau, Jésus ordonne d'enlever la pierre tombale.

The resurrection of Lazarus [4]
At the tomb, Jesus requests that the stone be removed.

➠ D5-D6-D7-**D8**-D9 Joh/Jn/John: 11,1-44

D9 Hendrik I

▸ HENDRIK I *de Oude* (ca. 990 – 1038), graaf van Leuven (1015-1038). Oudste zoon van Lambert I (D1) en Gerberga van Neder-Lotharingen.

👁 banier, zwaard en schild

▸ HENRI I *le Vieux*, comte de Leuven. Fils aîné de Lambert I (D1) et de Gerberge de Basse-Lorraine.

👁 bannière, épée et bouclier

▸ HENRY I *the Elder*, Count of Leuven. Oldest son of Lambert I (D1) and Gerberga of Lower Lorraine.

👁 banner, sword and shield

⚒ Gérard van der Linden
N 1975: Vandekerckhove Ingelmunster

De opwekking van Lazarus [5]
Jezus roept met luide stem, *'Lazarus, kom naar buiten!'*

La résurrection de Lazare [5]
Jésus crie à haute voix, *'Lazare, sors!'*

The resurrection of Lazarus [5]
Jesus cries with a loud voice, *'Lazarus, come out!'*

➠ D5-D6-D7-D8-**D9** 📖 Joh/Jn/John: 11,1-44

D10 Hendrik IV

Hendrik IV *de Strijdvaardige* (1165 – Keulen, 1235), graaf van Leuven = Hendrik I, hertog van Brabant (1183-1235) en van Neder-Lotharingen (1190-1235). Zoon van Godfried III (D8) en Margaretha van Limburg. Broer van Sint-Albertus van Leuven (C38). Hij stichtte in 1206 de proosdij van Sint-Geertrui, later abdij. Zijn praalgraf bevindt zich in het koor van de Sint-Pieterskerk. Ook zijn eerste echtgenote Mathilde van Boulogne en zijn dochter Maria van Brabant liggen samen in een zijkapel begraven.

onbekend voorwerp in rechterhand, beugeltas in linkerhand

Henri IV *le Guerroyeur*, comte de Leuven = Henri I, duc de Brabant et de Basse-Lorraine. Fils de Godefroid III (D8) et de Marguerite de Limbourg. Frère de saint Albert de Leuven (C38). Il fonda en 1206 la prévôté de Sainte-Gertrude, devenue plus tard abbaye. Son tombeau se trouve dans le chœur de l'église Saint-Pierre. Sa première épouse Mathilde de Boulogne et sa fille Marie de Brabant sont enterrées ensemble dans une chapelle latérale.

object inconnu dans la main droite, escarcelle dans la main gauche

Henry IV *the Belligerent*, Count of Leuven = Henry I, Duke of Brabant and Lower Lorraine. Son of Godfrey III (D8) and Margaret of Limburg and brother of St. Albert of Leuven (C38). He founded in 1206 the collegiate chapel, later abbey, of St. Gertrude. His tomb is located in the choir of St. Peter's Church. His first wife, Matilda of Boulogne and his daughter Marie of Brabant are buried together in a side chapel.

unknown object in right hand, pouch in left hand

⚒ Henri & Joseph Goyers

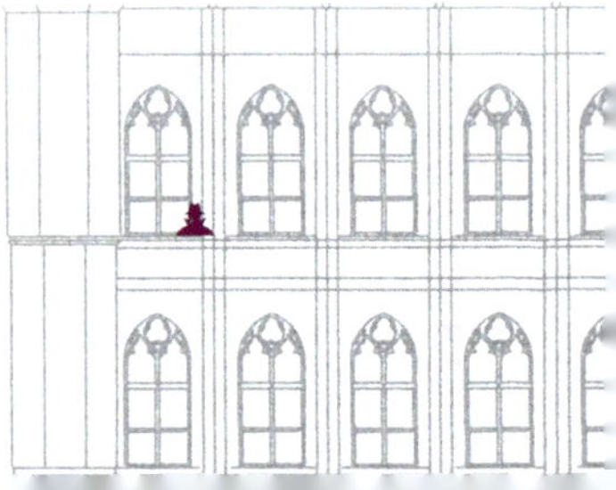

Het offer van Hanna (?)

Vermoedelijk betreft het hier het offer van Hanna, een van de twee vrouwen van Elkana. Zij is kinderloos en gaat naar de tempel in Silo, waar ze de priester Eli ontmoet en bij hem haar hart uitstort. Op voorspraak van Eli zal zij een zoon krijgen, Samuël.

Le sacrifice de Hanna (?)

Il s'agirait du sacrifice de Hanna, une des deux femmes d'Elqana. Elle est stérile et se rend au sanctuaire de Silo où elle rencontre le prêtre Éli à qui elle se confie. Par l'intercession d'Éli, elle engendra un fils, Samuel.

The sacrifice of Hannah (?)

This scene probably refers to the sacrifice of Hannah, one of the two wives of Elkanah. Hannah is childless and goes to the temple in Shiloh, where she meets the priest Eli and confides in him. Thanks to Eli's prayers, she will give birth to a son, Samuel.

➠ **D10** 📖 1 S: 1,1-20

Hendrik V

HENDRIK V *de Grootmoedige* (1207 – 1248), graaf van Leuven = HENDRIK II, hertog van Brabant (1235-1248). Zoon van Hendrik IV (D10) en Mathilde van Boulogne.

zwaard in rechterhand, onbekend voorwerp in linkerhand

HENRI V *le Magnanime*, comte de Leuven = HENRI II, duc de Brabant. Fils d'Henri IV (D10) et de Mathilde de Boulogne.

épée dans la main droite, objet inconnu dans la main gauche

Henry V *the Magnanimous*, Count of Leuven = HENRY II, Duke of Brabant. Son of Henry IV (D10) and Matilda of Boulogne.

sword in right hand, unknown object in left hand

⚒ Henri & Joseph Goyers

Vreemde volksgroepen in Samaria
De koning van Assyrië laat in de steden van Samaria vreemde volksgroepen de plaats innemen van de weggevoerde Israëlieten. Aangezien de kolonisten andere goden vereren dan de God van Israël, stuurt de Heer leeuwen op hen af. Er vallen vele slachtoffers.

Des tribus étrangères en Samarie
Le roi d'Assyrie admet des tribus étrangères dans les cités de Samarie à la place des Israélites déportés. Puisque ces immigrants adorent d'autres dieux, le Seigneur envoie des lions qui font de nombreuses victimes.

Foreign tribes in Samaria
To replace the deported Israelites, the king of Assyria brings foreigners to settle in the cities of Samaria. However, because they worship other gods than the God of Israel, the Lord sets lions on them, and many are killed.

➡ **D11** 📖 2 Kon/2 R/2 Kings: 17,24-25

D12 Hendrik VI

Hendrik VI *de Zachtmoedige* (ca. 1231 – 1261), graaf van Leuven = **Hendrik III**, hertog van Brabant (1248-1261). Zoon van Hendrik V (D11) en Maria van Zwaben. Echtgenoot van Aleidis van Bourgondië (D13).

zwaard en schild

Henri VI *le Débonnaire*, comte de Leuven = **Henri III**, duc de Brabant. Fils d'Henri V (D11) et de Marie de Souabe. Époux d'Adélaïde de Bourgogne (D13).

épée et bouclier

Henry VI *the Gentle*, Count of Leuven = **Henry III**, Duke of Brabant. Son of Henry V (D11) and Marie of Swabia. Married to Adelaide of Burgundy (D13).

sword and shield

Henri & Joseph Goyers

Jozua (?)
Vermoedelijk heeft deze scène betrekking op Jozua die verkenners uitstuurt naar Jericho.

Josué (?)
Cette scène se rapporte probablement à Josué qui envoie des éclaireurs à Jéricho.

Joshua (?)
This scene probably refers to Joshua who sends scouts to Jericho.

➡ **D12** 📖 Joz: 2,1

⚒ N: Alois Van Gool

D13 Aleidis van Bourgondië

ALEIDIS VAN BOURGONDIË (1233 – 1273), dochter van Hugo IV van Bourgondië en Yolande van Dreux, nam, na het overlijden van haar man Hendrik VI (D12), het regentschap waar (1261-1267). Zij bewerkte dat haar jongere zoon Jan I (D14) zou opvolgen in plaats van haar mentaal gestoorde oudste zoon Hendrik.

kroon

ADÉLAÏDE DE BOURGOGNE, fille d'Hugues IV de Bourgogne et de Yolande de Dreux, prit la régence après le décès de son mari Henri VI (D12). Elle fit en sorte que son fils cadet Jean I (D14) succéda, à la place de son fils aîné Henri, mentalement handicapé.

couronne

ADELAIDE OF BURGUNDY, daughter of Hugh IV of Burgundy and Yolande of Dreux, acted as a regent after the death of her husband Henry VI (D12). Later she arranged for her younger son, John I (D14) to succeed instead of her mentally impaired oldest son, Henry.

crown

Henri & Joseph Goyers
N 1975: Vandekerckhove Ingelmunster

De bronzen slang

Tijdens hun tocht door de woestijn worden de Israëlieten opstandig tegen Mozes en de Heer. Zij klagen over het tekort aan spijs en drank. Daarop stuurt de Heer giftige slangen op hen af. De beet is dodelijk. Het volk beseft zijn zonden en vraagt aan Mozes bij de Heer te bemiddelen. Die beveelt hem een bronzen slang op een staak te plaatsen. Zij die ernaar opkijken, blijven leven.

Le serpent d'airain

Pendant leur randonnée dans le désert, les Israélites se révoltent contre Moïse et Dieu. Ils se plaignent de la pénurie de nourriture et de boisson. Dieu leur envoie des serpents venimeux qui les mordent. La morsure est mortelle. Le peuple se rend compte de ses péchés et demande à Moïse qu'il intervienne auprès de Dieu. Le Seigneur lui ordonne d'ériger sur un étendard un serpent d'airain. Ceux qui le regarderont, resteront en vie.

The bronze serpent

During their journey through the desert, the Israelites rebel against Moses and the Lord, complaining about the lack of bread and water. Thereupon the Lord sends fiery serpents with a deadly sting among them. The people repent and ask Moses to mediate with the Lord. The Lord tells him to erect a bronze snake on a pole and promises that whoever looks at it will be healed.

➠ **D13** Num/Nb Num: 21,4-9
N: Alois Van Gool

Jan I

▶ JAN I *de Zegevierende* (Leuven, 1252/53 – Bar-le-Duc, 1294), hertog van Brabant (1267-1294). Tweede zoon van Hendrik VI (D12) en Aleidis van Bourgondië (D13). Ten gevolge van zijn overwinning in de Slag bij Woeringen (5 juni 1288) werd het hertogdom Limburg (Limbourg) aan hem toegewezen. Aan hem worden een aantal Dietse liederen toegeschreven.

zwaard

▶ JEAN I *le Victorieux*, duc de Brabant. Second fils d'Henri VI (D12) et d'Adélaïde de Bourgogne (D13). Par suite de sa victoire à la Bataille de Woeringen (1288), il incorpora le Limbourg au Brabant. Il serait l'auteur d'une série de chansons en langue thioise.

épée

▶ JOHN I *the Victorious*, Duke of Brabant. Second son of Henry VI (D12) and Adelaide of Burgundy (D13). As a consequence of his victory in the Battle of Woeringen (1288), he annexed Limburg to Brabant. John I is known as the author of a number of Middle Dutch songs.

sword

⚒ Henri & Joseph Goyers

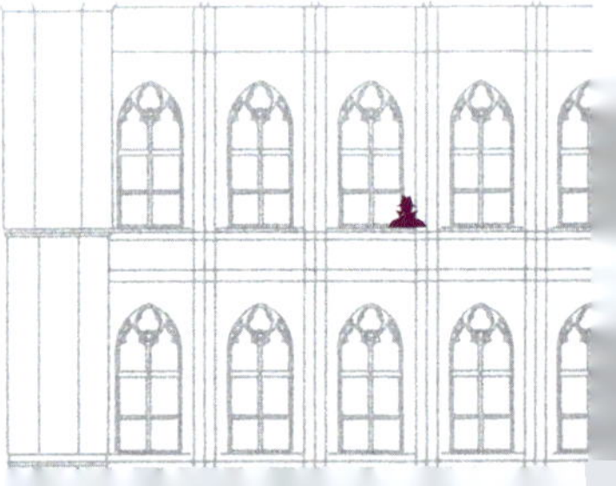

Ruth (?)
Deze scène zou kunnen verwijzen naar een passage uit het *Boek Ruth*. Noömi heeft tijdens een hongersnood haar man en twee zonen verloren en spoort haar twee schoondochters, Orpa en Ruth, aan terug te keren naar hun families. Orpa vertrekt, Ruth blijft bij haar schoonmoeder

Ruth (?)
Cette scène se rapporterait à un passage du *Livre de Ruth*. Noémi, qui a perdu son mari et ses deux fils pendant une disette, incite ses deux belles-filles, Orpa et Ruth, à retourner dans leurs familles. Orpa quitte, tandis que Ruth reste chez sa belle-mère.

Ruth (?)
This scene probably refers to an episode from the *Book of Ruth*. Naomi, who has lost her husband and two sons during a famine, advises her two daughters-in-law, Orpah and Ruth, to go back to their families. Orpah leaves, but Ruth stays with her mother-in-law.

➠ **D14** 📖 Rt 1,1-16

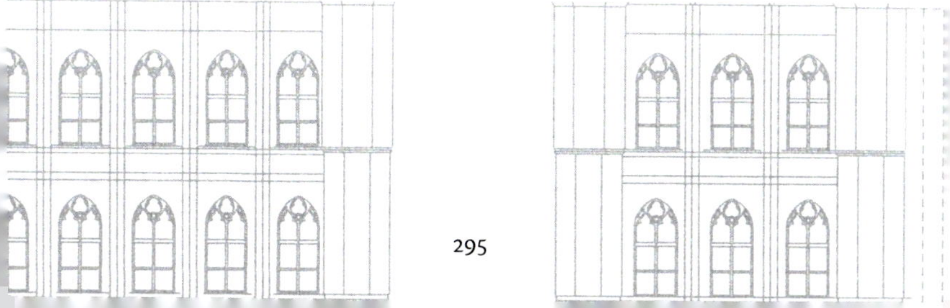

D15 Jan II

Jan II *de Vredelievende* (1275 – Tervuren, 1312), hertog van Brabant en Limburg (1294-1312). Zoon uit het tweede huwelijk van Jan I (D14) met Margaretha van Male. In het *Charter van Kortenberg* (27 september 1312) verleende hij een aantal priviligies aan zijn onderdanen.

👁 zwaard

Jean II *le Pacifique*, duc de Brabant et de Limbourg. Fils issu du deuxième mariage de Jean I (D14) avec Marguerite de Male. En 1312, il accorda à ses sujets dans la *Charte de Cortenbergh* plusieurs privilèges.

👁 épée

John II *the Peaceful*, Duke of Brabant and Limburg. Son from the second marriage of John I (D14) to Margaret of Male. In 1312 he granted concessions to his subjects in the *Charter of Kortenberg*

👁 sword

⚒ Henri & Joseph Goyers

Een militaire optocht (?)
Hier is duidelijk een militaire optocht zichtbaar waarbij krijgers te paard en met opgeheven zwaard een stad triomfantelijk binnenrijden.

Un défilé militaire (?)
On remarque clairement un défilé militaire où des guerriers à cheval, avec leurs épées levées, entrent en triomphe dans une ville.

A military parade (?)
This scene clearly represents a military parade: warriors on horseback and with drawn swords enter a city in triumph.

→ **D15**

D16 Jan III

▶ JAN III *de Zegevierende* (1300 – Brussel, 1355), hertog van Brabant en Limburg (1312-1355). Zoon van Jan II (D15) en Margaretha van York, dochter van de Engelse koning Edward I en Eleonora van Castilië. Met de *Waalse Charters* (14 juli 1314) verleende hij de steden een grotere politieke en financiële autonomie. Om de wolinvoer in zijn hertogdom veilig te stellen, koos hij in de *Honderdjarige Oorlog* partij voor Engeland.

👁 zwaard

▶ JEAN III *le Triomphant*, duc de Brabant en de Limbourg. Fils de Jean II (D15) et de Marguerite d'York, fille d'Édouard I, roi d'Angleterre, et d' Éléonore de Castille. Avec les *Chartes Wallonnes* (1314), il accorda aux villes une plus grande autonomie politique et financière. Pour assurer l'importation de la laine dans son duché, il prit parti pour l'Angleterre durant la *Guerre de Cent Ans*.

👁 épée

▶ JOHN III *the Triumphant*, Duke of Brabant and Limburg. Son of John II (D15) and Margaret of York, daughter of Edward I, King of England, and Eleanor of Castile. His grant of the *Walloon Charters* (1314) gave the cities greater political and financial autonomy. He sided with England during the *Hundred Years' War* in order to safeguard the import of wool to his duchy.

👁 sword

⚒ Henri & Joseph Goyers
N 1975: Vandekerckhove Ingelmunster

Strikte naleving van de Sabbatwet
De Israëlieten mogen op de sabbat geen wapens hanteren en kunnen zich dus niet verdedigen tegen een militaire aanval. Zij worden door hun tegenstanders genadeloos afgeslacht.

Observance stricte de la loi du Sabbat
Pendant le sabbat, les Israélites ne peuvent pas manier les armes et ne savent pas se défendre contre des attaques militaires. Par conséquent ils seront massacrés sans clémence par leurs adversaires.

Strict compliance with the law of the Sabbath
Since the Israelites are not allowed to carry weapons on the Sabbath, they cannot defend themselves against a military attack and so are mercilessly slaughtered by their enemies.

➠ **D16** 📖 1 Mak /1 M/1 Macc: 2,32-38

D17 Wenceslas I van Luxemburg

WENCESLAS I VAN LUXEMBURG (Praag, 1337 – Luxemburg, 1383), hertog van Brabant en Limburg (1355-1383). Zoon uit het tweede huwelijk van Jan de Blinde, koning van Bohemen, en Beatrix van Bourbon. Echtgenoot van Johanna van Brabant (D18). In de partijstrijd tussen patriciërs en ambachten te Leuven, met Pieter Coutereel (A14) en Wouter Van der Leyden (A11) als spilfiguren, nam Wenceslas een wisselvallige houding aan. Bouw van de tweede Leuvense stadswal.

kroon

Leuven, 3 januari 1356

WENCESLAS I DE LUXEMBOURG, duc de Brabant et de Limbourg. Fils issu du deuxième mariage de Jean l'Aveugle, roi de Bohême, et de Béatrice de Bourbon. Époux de Jeanne de Brabant (D18). Dans la lutte entre les patriciens et les métiers, avec Pieter Coutereel (A14) et Wouter Van der Leyden (A11) comme figures-charnière, il adopta une attitude équivoque. Construction de la seconde enceinte à Leuven.

couronne

Leuven, 3 janvier 1356

WENCESLAS I OF LUXEMBOURG, Duke of Brabant and Limburg. Son from the second marriage of John the Blind, King of Bohemia, to Beatrice of Bourbon. Married to Joanna of Brabant (D18). He took an ambivalent position in the struggle between patricians and artisans in Leuven, a struggle led by Peter Coutereel (A14) and Wouter Van der Leyden (A11). The second town wall of Leuven was built.

crown

Leuven, 3 January 1356

Henri & Joseph Goyers

De onthoofding van koning Agag
Omdat Saul, koning van Israël, tijdens een veldslag niet alle Amalekieten had gedood, zoals de Heer had bevolen, ontbiedt Samuël, die Saul tot koning had gezalfd, koning Agag van Amalek bij zich en onthoofdt hem.

La décapitation du roi Agag
Comme Saül, le roi d'Israël, n'a pas tué tous les Amalécites, comme Dieu lui avait ordonné, Samuel, qui avait sacré Saül roi, mande le roi Agag d'Amalec et le décapite.

The decapitation of King Agag
Because Saul, King of Israel, hadn't killed all the Amalecites in battle, as the Lord had requested, Samuel, who had anointed Saul as king, summons King Agag of Amalec and decapitates him.

➠ **D17** 📖 1 Sam/1 S/1 Sam: 15,32-33

D18

Johanna van Brabant

▸ JOHANNA VAN BRABANT (Brussel, 1322 – 1406), hertogin van Brabant en Limburg (1355-1406). Dochter van Jan III (D16) en Maria van Évreux. Echtgenote van Wenceslas I van Luxemburg (D17). In 1404 deed de kinderloze Johanna afstand van Brabant ten voordele van Margaretha van Male, dochter van haar zus Margaretha van Brabant en Lodewijk van Male, graaf van Vlaanderen.

⚐ Leuven, 3 januari 1356

▸ JEANNE DE BRABANT, duchesse de Brabant et de Limbourg. Fille de Jean III (D16) et de Marie d'Évreux. Épouse de Wenceslas I de Luxembourg (D17). En 1404, Jeanne, qui n'avait pas eu d'enfants, céda le Brabant à Marguerite de Male, fille de sa sœur Marguerite de Brabant et de Louis de Male, comte de Flandre.

⚐ Leuven, 3 janvier 1356

▸ JOANNA OF BRABANT, Duchess of Brabant and Limburg. Daughter of John III (D16) and Marie of Évreux. Wife of Wenceslas I of Luxembourg (D17). In 1404, the childless Joanna abdicated the throne of Brabant in favour of Margaret of Male, daughter of her sister Margaret of Brabant and Louis of Male, Count of Flanders.

⚐ Leuven, 3 January 1356

⚒ Henri & Joseph Goyers

Koning Cyrus geeft de tempelschat aan de joden terug [1]
Cyrus II, koning van Perzië, schenkt de tempelschat van Jeruzalem, ooit door Nebukadnessar ontvreemd, aan de joden terug.

Le roi Cyrus restitue aux juifs le trésor du temple [1]
Cyrus II, roi de Perse, restitue aux juifs le trésor sacré du temple de Jérusalem. Il avait été dérobé par Nabuchodonosor.

King Cyrus returns the treasure of the temple to the Jews [1]
Cyrus II, king of Persia, returns to the Jews the treasure of the Temple of Jerusalem, which had been stolen by Nebuchadnezzar.

➟ **D18**-D19 📖 Ezra/Esd/Ezra: 1,7-11
⚒ N: Alois Van Gool

D19 Antoon van Bourgondië

Antoon van Bourgondië (1384 – Azincourt, 1415), hertog van Brabant en Limburg (1406-1415). Tweede zoon van Filips de Stoute, hertog van Bourgondië, en Margaretha van Male. Hij sneuvelde in de *Slag bij Azincourt* (25 oktober 1415).

zwaard en schild

Leuven, 18 december 1406

Antoine de Bourgogne, duc de Brabant et de Limbourg. Second fils de Philippe le Hardi, duc de Bourgogne, et de Marguerite de Male. Il fut tué dans la *Bataille d'Azincourt* (1415).

épée et bouclier

Leuven, 18 décembre 1406

Anthony of Burgundy, Duke of Brabant and Limburg. Second son of Philip the Bold, Duke of Burgundy, and Margaret of Male. He died at the *Battle of Agincourt* (1415).

sword and shield

Leuven, 18 December 1406

Jean-Baptiste Verdeyen
N 1976: Louis Gérard

Koning Cyrus geeft de tempelschat aan de joden terug [2]
De teruggave van de tempelschat wordt uitgevoerd door Mitredat, de schatmeester, die alles overdraagt aan Sesbassar, prins van Juda.

Le roi Cyrus restitue aux juifs le trésor du temple [2]
Le roi fait remettre le trésor par Mithridate, le trésorier, à Sassabasar, prince de Juda.

King Cyrus returns the treasure of the temple to the Jews [2]
Mithredath, the treasurer, returns the temple's treasure to Sheshbazzar, prince of Judah.

➠ D18-**D19** 📖 Ezra/Esd/Ezra: 1,7-11
⚒ N: Alois Van Gool

D20 Jan IV

Jan IV (Atrecht, 1403 – Brussel, 1427), hertog van Brabant en Limburg (1415-1427). Zoon van Antoon van Bourgondië (D19) en Johanna van Saint-Pol. Op verzoek van de stadsmagistraat en het Sint-Pieterskapittel zond hij, met succes, gezanten naar paus Martinus V (A24) in verband met de oprichting van een *studium generale* te Leuven.

zwaard

Leuven, 5 mei 1418

Jean IV, duc de Brabant et de Limbourg. Fils d'Antoine de Bourgogne (D19) et de Jeanne de Saint-Pol. Avec succès, il envoya, à la demande du magistrat de la ville et du chapitre de Saint-Pierre, des représentants au pape Martin V (A24) en vue d'obtenir la fondation d'un *studium generale* à Leuven.

épée

Leuven, 5 mai 1418

John IV, Duke of Brabant and Limburg. Son of Anthony of Burgundy (D19) and Joanna of Saint-Pol. At the request of the town magistrate and the chapter of St. Peter's Church, he successfully sent envoys to Pope Martin V (A24) in connection with founding a *studium generale* at Leuven.

sword

Leuven, 5 May 1418

Jean-Baptiste Verdeyen
N 1976: Louis Gérard

De heropbouw van de tempel
Onder de leiding van Zerubbabel en de priester Jesua, die de eerste groep joden uit Babylonië had vergezeld, wordt het altaar van de Heer opnieuw opgericht om daarop, volgens de Wet van Mozes, brandoffers op te dragen.

La reprise du culte
Sous la conduite de Zorobabel et du prêtre Josué, qui avait accompagné le premier convoi d'exilés de Babylone, les juifs rebâtissent l'autel de Dieu, pour y offrir leurs holocaustes, selon la Loi de Moïse.

The resumption of the sacrificial liturgy
Under the direction of Zerubbabel and the priest Jeshua, who had accompanied the first group of exiles from Babylon, the Jews rebuild the altar of the Lord in order to make burnt offerings on it, as prescribed by the Law of Moses.

➟ **D20** Ezra/Esd/Ezra: 5,1-2
N: Louis Gérard

D21 Filips van Saint-Pol

▶ FILIPS VAN SAINT-POL (Brussel, 1404 – Leuven, 1430), hertog van Brabant en Limburg (1427-1430). Jongste broer van Jan IV (D20). Ook hij stierf kinderloos. Daardoor ging het hertogdom Brabant op in het Bourgondische rijk.

Leuven, 24 mei 1427

▶ PHILIPPE DE SAINT-POL, duc de Brabant et de Limbourg. Frère cadet de Jean IV (D20). Lui aussi mourut sans enfants. Ainsi le duché de Brabant passa à la Bourgogne.

Leuven, 24 mai 1427

▶ PHILIP OF SAINT-POL, Duke of Brabant and Limburg. Youngest brother of John IV (D20). He also died childless. As a result, the Duchy of Brabant was absorbed into Burgundy.

Leuven, 24 May 1427

⚒ Emile Godts
N 1976: Vandekerckhove Ingelmunster

De vervloeking van Elisa
De profeet Elisa wordt door een groep kinderen uitgescholden voor kaalkop. Hij vervloekt ze. Daarop komen twee beren uit het bos die 42 kinderen verscheuren.

La malédiction d'Élisée
Un groupe d'enfants se moquent de la calvitie du prophète Élisée. Il les maudit. Aussitôt deux ours sortent de la forêt et déchirent 42 enfants.

The malediction of Elisha
A group of children laugh at the baldness of the prophet Elisha. He curses them. Thereupon two bears come out of the forest and savage 42 children.

➠ **D21** 📖 2 Kon/2 R/2 Kings: 2,23-24
⚒ N: Louis Gérard

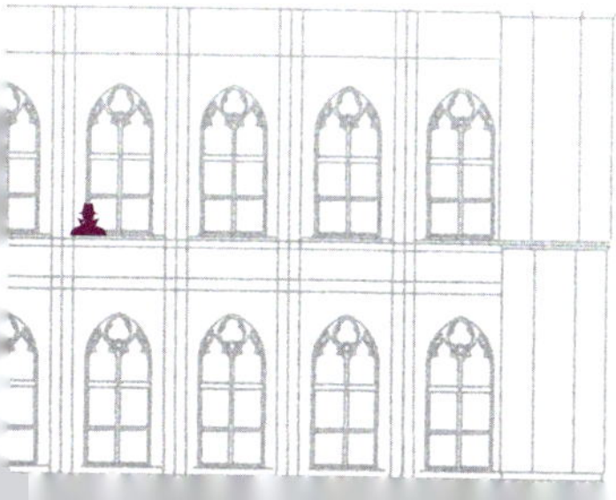

D22

Filips de Goede

▶ Filips de Goede (Dijon, 1396 – Brugge, 1467), hertog van Bourgondië. Zoon van Jan zonder Vrees, hertog van Bourgondië, en Margaretha van Beieren-Straubing. Zoals Jan IV (D20) en Filips van Saint-Pol (D21) was hij een kleinzoon van Filips de Stoute en Margaretha van Male. Hij voerde een doorgedreven territoriaal expansiebeleid en een centralisatiepolitiek in de bestuursinstellingen. Als landsheer beheerde hij vanaf 1430 de graafschappen Vlaanderen, Namen, Holland, Zeeland en Henegouwen, en de hertogdommen Brabant en Limburg. Op 10 januari 1430 stichtte hij de *Orde van het Gulden Vlies*.

handschoenen in linkerhand, ketting van de Orde van het Gulden Vlies

Leuven, 5 oktober 1430

▶ Philippe le Bon, duc de Bourgogne. Fils de Jean sans Peur, duc de Bourgogne, et de Marguerite de Bavière-Straubing. Comme Jean IV (D20) et Philippe de Saint-Pol (D21), il était le petit-fils de Philippe le Hardi et de Marguerite de Male. Il mena une politique d'expansion territoriale volontariste ainsi qu'une politique de centralisation administrative. En tant que souverain, il administra à partir de 1430 les comtés de Flandre, de Namur, de Hollande, de Zélande et du Hainaut et les duchés de Brabant et de Limbourg. En 1430, il fonda l'*Ordre de la Toison d'Or*.

gants dans la main gauche, chaîne de l'Ordre de la Toison d'Or

Leuven, 5 octobre 1430

▶ Philip the Good, Duke of Burgundy. Son of John the Fearless, Duke of Burgundy, and Margaret of Bavaria-Straubing. Like John IV (D20) and Philip of Saint-Pol (D21), he was also a grandson of Philip the Bold and Margaret of Male. He enforced a policy of territorial expansion and of administrative centralization. From 1430 on, he controlled the counties of Flanders, Namur, Holland, Zeeland and Hainaut, as well as the duchies of Brabant and Limburg. In 1430 he founded the *Order of the Golden Fleece*.

gloves in left hand, chain of the Order of the Golden Fleece

Leuven, 5 October 1430

Emile Godts
N 1976: Vandekerckhove Ingelmunster

Jezus en de Kanaänitische vrouw [1]
Een Kanaänitische vrouw ontmoet Jezus en roept, '*Heb medelijden met mij, Heer, Zoon van David! Mijn dochter wordt vreselijk gekweld door een demon*'. Jezus antwoordt haar, '*Ik ben alleen gezonden naar de verloren schapen van het volk van Israël*'.

Jésus et la femme cananéenne [1]
Une femme cananéenne rencontre Jésus et se met à crier, '*Aie pitié de moi, Seigneur, fils de David: ma fille est fort malmenée par un démon*'. Jésus lui répond, '*Je n'ai été envoyé qu'aux brebis perdues de la maison d'Israël*'.

Jesus and the Canaanite woman [1]
A Canaanite woman comes to Jesus, crying out, '*Lord, Son of David, take pity on me. My daughter is tormented by a devil*'. But Jesus answers her, '*I was sent only to the lost sheep of the House of Israel*'.

➠ **D22**-D23 📖 Mat/Mt/Matt: 15,21-28; Marc/Mc/Mark: 7,24-30
⚒ N: Louis Gérard

D23 Karel de Stoute

▶ Karel de Stoute (Dijon, 1433 – Nancy, 1477), laatste hertog van Bourgondië. Graaf van Vlaanderen, hertog van Brabant, Limburg e.a. (1467-1477). Enige overlevende zoon uit het derde huwelijk van Filips de Goede (D22) met Isabella van Portugal. In Mechelen installeerde hij in 1473 de Rekenkamer (ministerie van financiën) en de Grote Raad (opperste gerechtshof). Hij sneuvelde in de *Slag bij Nancy* (5 januari 1477).

👁 zwaard, ketting van de Orde van het Gulden Vlies

⚐ Leuven, 12 juli 1467

▶ Charles le Téméraire, dernier duc de Bourgogne. Comte de Flandre, duc de Brabant, Limbourg e.a. Fils unique survivant issu du troisième mariage de Philippe le Bon (D22) avec Isabelle de Portugal. A Mechelen, il installa en 1473 la Cour des Comptes (ministère des finances) et le Grand Conseil (cour suprême de justice). Il trouva la mort à la *Bataille de Nancy* (1477).

👁 épée, chaîne de l'Ordre de la Toison d'Or

⚐ Leuven, 12 juillet 1467

▶ Charles the Bold, last Duke of Burgundy. Count of Flanders, Duke of Brabant, Limburg, etc. Only surviving son from the third marriage of Philip the Good (D22) to Isabella of Portugal. He established a Treasury (Ministry of Finance) and Grand Council (Supreme Court) in Mechelen in 1473. He was killed at the *Battle of Nancy* (1477).

👁 sword, chain of the Order of the Golden Fleece

⚐ Leuven, 12 July 1467

⚒ Léopold Raynaud
N 1976: Vandekerckhove Ingelmunster

Jezus en de Kanaänitische vrouw [2]

De Kanaänitische vrouw blijft aandringen. Uiteindelijk besluit Jezus, '*U hebt een groot geloof! Wat u verlangt, zal ook gebeuren*'. Vanaf dat ogenblik was haar dochter genezen.

Jésus et la femme cananéenne [2]

La femme cananéenne insiste. En fin de compte, Jésus dit, '*O Femme, grande est ta foi. Qu'il advienne selon ton désir*'. A l'heure même, sa fille fut guérie.

Jesus and the Canaanite woman [2]

The Canaanite woman keeps insisting. Finally, Jesus says, '*Woman, you have great faith. Let your desire be granted*'. At that moment, her daughter was healed.

➠ D22-**D23** 📖 Mat/Mt/Matt: 15,21-28; Marc/Mc/Mark: 7,24-30
⚒ N: Louis Gérard

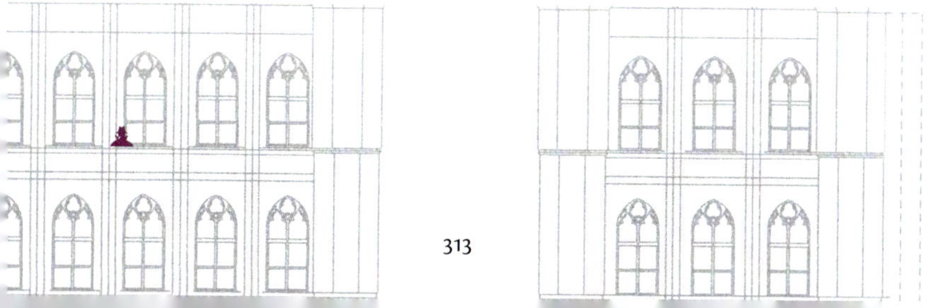

D24 Maria van Bourgondië

MARIA VAN BOURGONDIË (Brussel, 1457 – Brugge, 1482), hertogin van Bourgondië. Gravin van Vlaanderen, hertogin van Brabant, Limburg, e.a. (1477-1482). Enige dochter uit het tweede huwelijk van Karel de Stoute (D23) met Isabella van Bourbon. Echtgenote van Maximiliaan I van Oostenrijk (D25). Ten gevolge van de opstand van de steden tegen de Bourgondische centralisatiepolitiek, verleende zij met het *Groot Privilege* (11 februari 1477) gunsten aan de Staten-Generaal van de Nederlanden.

Leuven, 29 mei 1477

MARIE DE BOURGOGNE, duchesse de Bourgogne. Comtesse de Flandre, duchesse de Brabant, de Limbourg, e.a. Fille unique issue du deuxième mariage de Charles le Téméraire (D23) avec Isabelle de Bourbon. Épouse de Maximilien I d'Autriche (D25). Suite à l'insurrection des villes contre la politique centralisatrice bourguignonne, elle accorda par le *Grand Privilège* (1477) des faveurs aux États-Généraux des Pays-Bas.

Leuven, 29 mai 1477

MARY OF BURGUNDY, Duchess of Burgundy. Countess of Flanders, Duchess of Brabant, Limburg, etc. Only daughter from the second marriage of Charles the Bold (D23) to Isabella of Bourbon. Married to Maximilian I of Austria (D25). As a result of the revolt of the towns against Burgundy's centralization policy, she enacted the *Great Privilege* (1477) which conferred special favours on the States-general of the Netherlands.

Leuven, 29 May 1477

Léopold Raynaud
N 1976: Vandekerckhove Ingelmunster

Jezus en Zacheüs

Jezus, gezeten op een ezel, wordt in Jericho verwelkomd door een menigte die gewaden voor hem uitspreidt. Op de achtergrond, in de kruin van een vijgenboom, zit Zacheüs, de hoofdtollenaar. Jezus merkt hem op en nodigt zichzelf uit in zijn huis. Zacheüs aanvaardt, wat veel kritiek tegen Jezus ontlokt bij de omstanders. Hij stelt evenwel dat *'de Mensenzoon is gekomen om te zoeken en te redden wat verloren was'.*

Jésus et Zachée

Jésus, porté par un âne, est accueilli à Jéricho par une foule qui déploie ses vêtements. Devant lui, à l'arrière-plan, dans le sommet d'un sycomore, on remarque Zachée, le chef des collecteurs d'impôts. Jésus l'aperçoit et s'invite dans sa demeure. Zachée accepte, ce qui provoque une critique de l'assistance contre Jésus. Mais il répond que *'le Fils de l'Homme est venu chercher et sauver ce qui était perdu'.*

Jesus and Zacchaeus

Jesus, riding a donkey, is welcomed to Jericho by a crowd of people who spread their cloaks on the ground before him. At the back, on top of a fig tree, sits Zacchaeus, the chief tax collector. Jesus sees him and invites himself to his house. Zacchaeus accepts, leading the bystanders to grumble and complain about Jesus. He silences them however and tells them that *'The Son of Man has come to seek out and to save what was lost'.*

➠ **D24** 📖 Luc/Lc/Luke: 19,1-10 ⚒ N: Alois Van Gool

D25 Maximiliaan I van Oostenrijk

▶ MAXIMILIAAN I VAN OOSTENRIJK (Wiener Neustadt, 1459 – Wels, 1519). Zoon van de Rooms-Duitse keizer Frederik III en Eleonora Helena van Portugal. Hij nam, na de dood van zijn vrouw Maria van Bourgondië (D24), tijdens de minderjarigheid van hun zoon Filips de Schone (D26), het regentschap over de Nederlanden waar (1482-1496). In 1493 werd hij keizer van het Heilige Roomse Rijk der Duitse Natie.

👁 kroon, scepter in rechterhand, ketting van de Orde van het Gulden Vlies
⚐ Leuven, 5 december 1477

▶ MAXIMILIEN I D'AUTRICHE. Fils de l'empereur romain Frédéric III et d'Éléonore Hélène de Portugal. Après la mort de sa femme, Marie de Bourgogne (D24), il se chargea du gouvernement des Pays-Bas pendant la minorité de leur fils Philippe le Beau (D26). En 1493, il devint empereur du Saint-Empire romain de la nation germanique.

👁 couronne, sceptre dans la main droite, chaîne de l'Ordre de la Toison d'Or
⚐ Leuven, 5 décembre 1477

▶ MAXIMILIAN I OF AUSTRIA. Son of the Roman Emperor Frederick III and Eleanor Helen of Portugal. Regent of the Low Countries after the death of his wife, Mary of Burgundy (D24), and during the minority of their son Philip the Fair (D26). In 1493 he became Emperor of the Holy Roman Empire of the German Nation.

👁 crown, sceptre in right hand, chain of the Order of the Golden Fleece
⚐ Leuven, 5 December 1477

⚒ Victor Petré
N 1976: Vandekerckhove Ingelmunster

Jezus verjaagt de kooplui uit de tempel
Bij zijn bezoek aan Jeruzalem verjaagt Jezus de kooplieden uit de tempel met de woorden, '*Er staat geschreven: mijn huis moet een huis van gebed zijn, maar jullie hebben er een rovershol van gemaakt!*'

Jésus chasse les marchands du temple
Lors de sa visite à Jérusalem, Jésus chasse les marchands du temple en disant, '*Il est écrit: ma maison sera appelée une maison de prière. Mais vous, vous en avez fait un repaire de brigands!*'

Jesus drives the merchants out of the temple
During his visit to Jerusalem, Jesus drives the merchants out of the temple, saying, '*According to Scripture, my house will be called a house of prayer, but you are turning it into a bandits' den!*'

➠ **D25** 📖 Mat/Mt/Matt: 21,12-13; Marc/Mc/Marke: 11,15-19; Luc/Lc/Luke: 19,45-46; Joh/Jn/John: 2,13-16
⚒ N: Alois Van Gool

D26

Filips de Schone

▶ **Filips de Schone** (Brugge, 1478 – Burgos, 1506), aartshertog van Oostenrijk. Oudste zoon van Maximiliaan I van Oostenrijk (D25) en Maria van Bourgondië (D24). Vorst der Nederlanden (1496-1506). Door zijn huwelijk met Johanna van Castilië werd hij koning van Castilië en Aragon.

👁 zwaard, ketting van de Orde van het Gulden Vlies

⚐ Leuven, 9 september 1494

▶ **Philippe le Beau**, archiduc d'Autriche. Fils ainé de Maximilien I d'Autriche (D25) et de Marie de Bourgogne (D24). Souverain des Pays-Bas. Par son mariage avec Jeanne de Castille, il devint roi de Castille et d'Aragon.

👁 épée, chaîne de l'Ordre de la Toison d'Or

⚐ Leuven, 9 septembre 1494

▶ **Philip the Fair**, Archduke of Austria. Oldest son of Maximilian I of Austria (D25) and Mary of Burgundy (D24). Sovereign of the Netherlands. Through his marriage with Joanna of Castile, he became King of Castile and Aragon.

👁 sword, chain of the Order of the Golden Fleece.

⚐ Leuven, 9 September 1494

⚒ Victor Petré
R 1976: Alois Van Gool

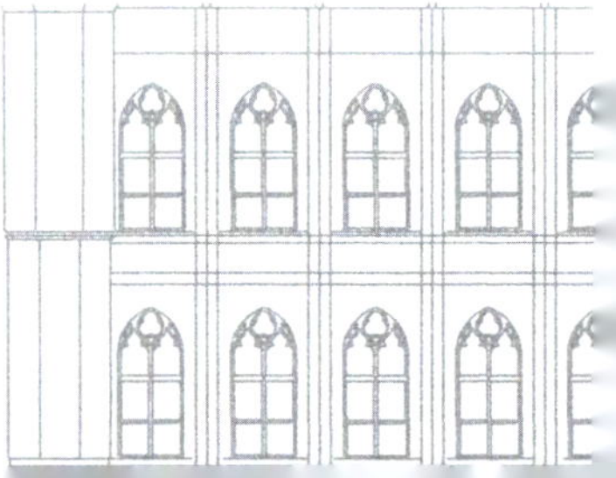

▶ **Jezus en de overspelige vrouw [1]**
De overspelige vrouw wordt bij Jezus gebracht, maar die zegt tot haar aanklagers, '*Wie van jullie zonder zonde is, laat die als eerste een steen naar haar werpen*'. Een voor een trekken ze zich terug. Vervolgens richt Jezus zich tot de vrouw, '*Ik veroordeel u ook niet. Ga naar huis, en zondig vanaf nu niet meer*'.

▶ **Jésus et la femme adultère [1]**
La femme adultère est emmenée chez Jésus. Il dit aux accusateurs, '*Que celui d'entre vous qui est sans péché lui jette le premier une pierre*'. Ils se retirent l'un après l'autre. Alors Jésus s'adresse à la femme, '*Moi non plus, je ne te condamne pas. Va, désormais ne pèche plus*'.

▶ **Jesus and the adulterous woman [1]**
The adulterous woman is brought before Jesus. He says to her accusers, '*Let the one among you who is guiltless be the first to throw a stone at her*'. They go away, one at a the time. Thereupon Jesus addresses the woman, '*Neither do I condemn you. Go away, and from this moment sin no more*'.

➠ **D26**-D27 📖 Joh/Jn/John: 8,3-11

D27

Karel V

▶ KAREL V (Gent, 1500 – San Yuste, 1558), keizer van het Heilige Roomse Rijk der Duitse Natie, koning van Spanje. Oudste zoon van Filips de Schone (D26) en Johanna van Castilië, bijgenaamd *de Waanzinnige*. Vorst van de Nederlanden (1506-1555). De tuniek en de kroon van Karel V stemmen niet overeen met de periode waarin hij geleefd heeft. Hij werd verward met Karel de Grote (742-814).

kroon, scepter in rechterhand, wereldbol en zwaard aan linkerkant, ketting van de Orde van het Gulden Vlies.

Leuven, 23 januari 1515

▶ CHARLES QUINT, empereur du Saint-Empire romain de la nation germanique, roi d'Espagne. Fils de Philippe le Beau (D26) et de Jeanne de Castille, dite *la Folle*. Souverain des Pays-Bas. La tunique et la couronne de Charles Quint ne correspondent pas à celles de l'époque où il vivait. Il a été confondu avec Charlemagne (742-814).

couronne, sceptre dans la main droite, globe et épée du côté gauche, chaîne de l'Ordre de la Toison d'Or.

Leuven, 23 janvier 1515

▶ CHARLES V, Emperor of the Holy Roman Empire of the German Nation. King of Spain. Son of Philip the Fair (D26) and Joanna of Castile, nicknamed *the Mad*. Sovereign of the Netherlands. The tunic and crown of Charles V do not correspond to the clothing of the period in which he lived. He was confused with Charlemagne (742-814).

crown, sceptre in right hand, globe and sword on left side, chain of the Order of the Golden Fleece.

Leuven, 23 January 1515

François Smeesters
N 1976: Vandekerckhove Ingelmunster

Jezus en de overspelige vrouw [2]
Een vrouw, betrapt op overspel, wordt door schriftgeleerden en farizeeën opgepakt. Zij eisen dat zij, op grond van de Wet van Mozes, wordt gestenigd.

Jésus et la femme adultère [2]
Une femme, surprise en adultère, est arrêtée par des scribes et des pharisiens. Ils exigent qu'elle soit lapidée selon la Loi de Moïse.

Jesus and the adulterous woman [2]
The scribes and Pharisees arrest a woman caught in adultery. They demand that she be stoned, as stipulated in the Law of Moses.

➠ D26-**D27** 📖 Joh/Jn/John: 8,3-11

D28

Filips II

Filips II (Valladolid, 1527 – Escorial, 1598), koning van Spanje. Zoon van Karel V (D27) en Isabella van Portugal. Vorst van de Spaanse Nederlanden (1555-1598). Om politieke en religieuze redenen onttrokken de Noordelijke Nederlanden in 1568, met Willem van Oranje als spilfiguur, zich aan zijn bewind.

scepter in rechterhand, zwaard, ketting van de Orde van het Gulden Vlies

Leuven, 5 juli 1549

Philippe II, roi d'Espagne. Fils de Charles Quint (D27) et d'Isabelle de Portugal. Souverain des Pays-Bas espagnols Pour des raisons politiques et religieuses, les Pays-Bas septentrionaux se soustraient en 1568 à son pouvoir, avec Guillaume d'Orange comme figure-charnière.

sceptre dans la main droite, épée, chaîne de l'Ordre de la Toison d'Or

Leuven, 5 juillet 1549

Philip II, King of Spain. Son of Charles V (D27) and Isabella of Portugal. Sovereign of the Spanish Netherlands. The Northern Netherlands, led by William of Orange, revolted against his rule in 1568 for political and religious reasons.

sceptre in right hand, sword, chain of the Order of the Golden Fleece.

Leuven, 5 July 1549

François Vermeylen sr.
N 1979: Louis Gérard

De parabel van de Tien Maagden [1]

Tien jonge maagden gaan met hun lampen de bruidegom tegemoet. Vijf van hen – de domme maagden – hebben een lamp, maar geen extra olie; de vijf wijze maagden daarentegen waren vooruitziend en hebben olie in kruiken bij zich. De bruidegom heeft vertraging en de meisjes vallen in slaap. Midden in de nacht wordt zijn komst gemeld, '*Daar is de bruidegom! Kom, ga hem tegemoet*', en maken zij hun lampen klaar.

La parabole des Dix Vierges [1]

Dix jeunes vierges s'en vont avec leurs lampes à la rencontre de l'époux. Cinq d'entre-elles – les vierges folles – ont négligé d'emporter de l'huile; les cinq autres – les vierges sages – étaient prévoyantes et ont pris de l'huile dans des fioles. L'époux se fait attendre et les filles s'endorment. Au milieu de la nuit, son arrivée est annoncée, '*Voici l'époux! Sortez à sa rencontre*', et elles apprêtent leurs lampes.

The parable of the Ten Virgins [1]

Ten young virgins go with their lamps to meet the bridegroom. The five foolish ones take their lamps but forget to take along oil. The five wise girls, however, carry oil in jars along with their lamps. It's a long wait for the bridegroom and they all fall asleep. At midnight the cry rings out, '*Look! The bridegroom! Go out and meet him!*' Then the girls wake up and prepare their lamps.

➠ **D28**-D29-D30-D31-D32 📖 Mat/Mt/Matt: 25,1-13

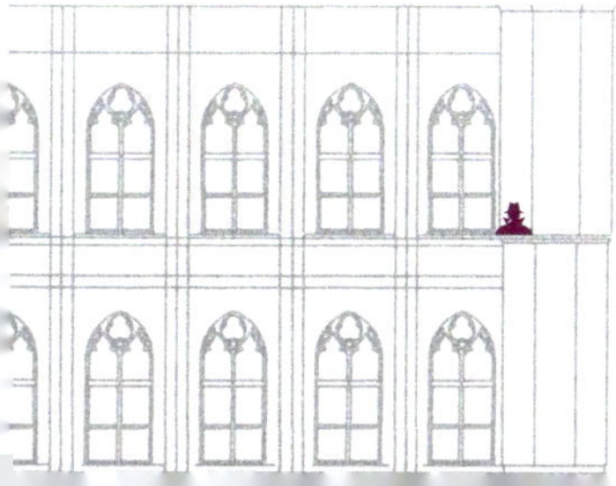

D29 Albrecht

ALBRECHT (Wiener Neustadt, 1559 – Brussel, 1621), aartshertog van Oostenrijk. Zoon van de Rooms-Duitse keizer Maximiliaan II en Maria van Spanje. Landvoogd (1595-1598) en vervolgens, door zijn huwelijk met Isabella van Spanje (D30), souverein van de Spaanse Nederlanden (1598-1621).

scepter in rechterhand, zwaard, ketting van de Orde van het Gulden Vlies

Leuven, 25-26 november 1599

ALBERT, archiduc d'Autriche. Fils de l'empereur romain germanique Maximilien II et de Marie d'Espagne. Gouverneur-général, puis, après son mariage avec Isabelle d'Espagne (D30), souverain des Pays-Bas espagnols.

sceptre dans la main droite, épée, chaîne de l'Ordre de la Toison d'Or

Leuven, 25-26 novembre 1599

ALBERT, Archduke of Austria. Son of the Roman German Emperor Maximilian II and Marie of Spain. Governor-General and, after his marriage to Isabella of Spain (D30), Sovereign of the Spanish Netherlands.

sceptre in right hand, sword, chain of the Order of the Golden Fleece.

Leuven, 25-26 November 1599

François Vermeylen sr.
N 1979: Alois Van Gool

De parabel van de Tien Maagden [2]
De domme maagden vragen olie aan de wijze maagden.

La parabole des Dix Vierges [2]
Les vierges folles demandent de l'huile aux vierges sages.

The parable of the Ten Virgins [2]
The foolish virgins ask the wise virgins for oil.

➠ D28-**D29**-D30-D31-D32 📖 Mat/Mt/Matt: 25,1-13

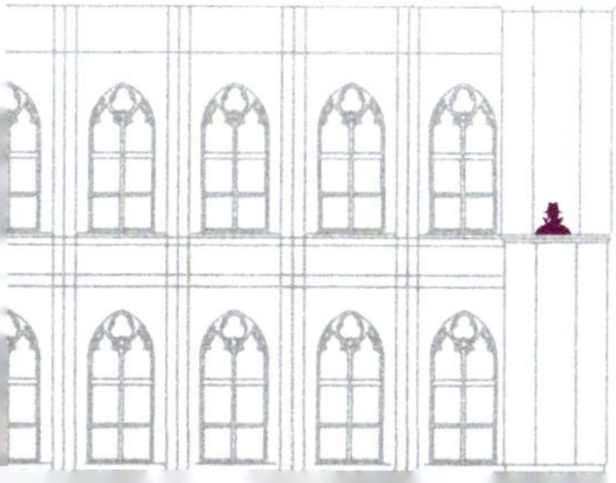

D30 Isabella

▶ Isabella (Segovia, 1566 – Brussel, 1633), infante van Spanje. Oudste dochter uit het derde huwelijk van Filips II (D28) met Elisabeth van Valois. Vorstin (1598-1621) en, na het overlijden van haar man Albrecht (D29), landvoogdes (1621-1633) van de Spaanse Nederlanden.

⚐ Leuven, 25-26 november 1599

▶ Isabelle, infante d'Espagne. Fille aînée issue du troisième mariage de Philippe II (D28) avec Elisabeth de Valois. Souveraine et, après la mort de son mari Albert (D29), gouvernante des Pays-Bas espagnols.

⚐ Leuven, 25-26 novembre 1599

▶ Isabella, Infanta of Spain. Oldest daughter from the third marriage of Philip II (D28) to Elisabeth of Valois. Sovereign and, after the death of her husband Albert (D29), Governor of the Spanish Netherlands.

⚐ Leuven, 25-26 November 1599

⚒ François Vermeylen sr.

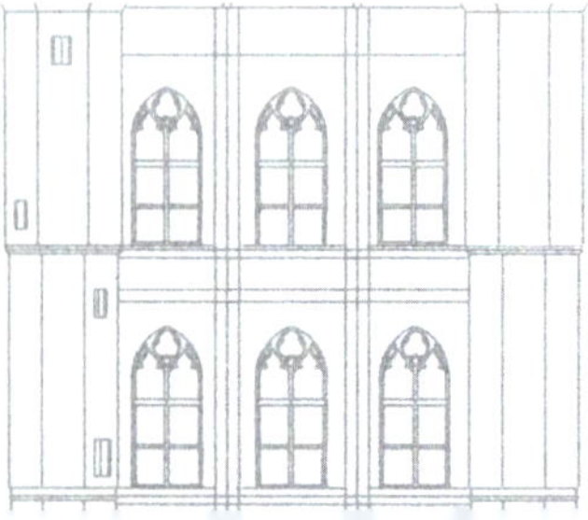

De parabel van de Tien Maagden [3]
De wijze maagden weigeren en verwijzen de domme maagden naar de olieverkopers.

La parabole des Dix Vierges [3]
Les vierges sages refusent et renvoient les vierges folles aux marchands d'huile.

The parable of the Ten Virgins [3]
The wise virgins refuse and tell the foolish virgins to go to the oil merchants.

➠ D28-D29-**D30**-D31-D32 📖 Mat/Mt/Matt: 25,1-13

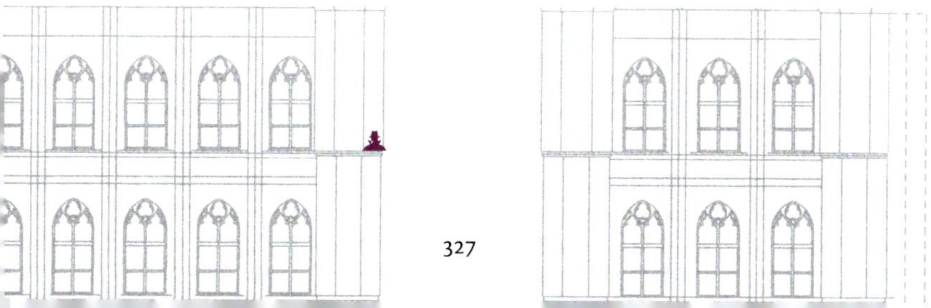

D31 Filips IV

Filips IV (Valladolid, 1605 – Madrid, 1665), koning van Spanje. Oudste zoon van Filips III, koning van Spanje, en Margaretha van Oostenrijk. Vorst van de Spaanse Nederlanden (1633-1665).
De *Vrede van Munster* (30 januari 1648) betekende de definitieve scheiding van de Noordelijke en de Zuidelijke Nederlanden.

scepter in rechterhand, zwaard, ketting van de Orde van het Gulden Vlies

Philippe IV, roi d'Espagne. Fils ainé de Philippe III, roi d'Espagne, et de Marguerite d'Autriche. Souverain des Pays-Bas espagnols.
Par le *Traité de Munster* (1648), la scission des Pays-Bas du Nord et du Sud était un fait accompli.

sceptre dans la main droite, épée, chaîne de l'Ordre de la Toison d'Or

Philip IV, King of Spain. Oldest son of Philip III, King of Spain, and Margaret of Austria. Sovereign of the Spanish Netherlands.
The *Treaty of Munster* (1648) marked the final separation of the Northern and Southern Netherlands.

sceptre in right hand, sword, chain of the Order of the Golden Fleece

François Vermeylen sr.
N 1979: Louis Gérard

De parabel van de Tien Maagden [4]
Ondertussen leidt de bruidegom de wijze maagden in de feestzaal binnen. De deuren worden gesloten.

La parabole des Dix Vierges [4]
L'époux entre avec les vierges sages dans la salle des fêtes. On ferme les portes.

The parable of the Ten Virgins [4]
Meanwhile the bridegroom leads the wise virgins into the banquet, and the doors are shut.

➠ D28-D29-D30-**D31**-D32 📖 Mat/Mt/Matt: 25,1-13
⚒ N: Alois Van Gool

D32 Karel II

Karel II (Madrid, 1661 – 1700), koning van Spanje. Derde zoon uit het tweede huwelijk van de Spaanse koning Filips IV (D31) met Maria-Anna van Oostenrijk. Vorst van de Spaanse Nederlanden (1665-1700) en laatste vertegenwoordiger van de Spaanse Habsburgers. Na zijn dood brak de *Spaanse Successieoorlog* (1701-1715) uit.

scepter in rechterhand, zwaard, ketting van de Orde van het Gulden Vlies

Charles II, roi d'Espagne. Troisième fils issu du deuxième mariage de Philippe IV (D31), roi d'Espagne, avec Marie-Anne d'Autriche. Souverain des Pays-Bas espagnols et dernier représentant de la maison de Habsbourg en Espagne. Après sa mort éclata la *Guerre de Succession d'Espagne* (1701-1715).

sceptre dans la main droite, épée, chaîne de l'Ordre de la Toison d'Or

Charles II, King of Spain. Third son from the second marriage of Philip IV (D31), King of Spain, to Maria Anna of Austria. Sovereign of the Spanish Netherlands and the last representative of the Spanish Habsburgs. After his death the *War of the Spanish Succession* (1701-1715) broke out.

sceptre in right hand, sword, chain of the Order of the Golden Fleece

François Vermeylen sr.
N 1982: Louis Gérard

De parabel van de Tien Maagden [5]
Later arriveren de domme maagden en roepen, '*Heer, heer, laat ons binnen*'. Maar hij antwoordt dat hij hen niet kent. '*Wees dus waakzaam, want jullie weten niet op welke dag en op welk uur hij komt*'.

La parabole des Dix Vierges [5]
Plus tard, les vierges folles arrivent et se mettent à crier, '*Seigneur, seigneur ouvrez-nous!*' Mais il leur répond qu'il ne les connaît point. '*Veillez donc, car vous ne savez ni le jour ni l'heure*'.

The parable of the Ten Virgins [5]
Later the foolish virgins arrive and shout, '*Lord, Lord, open the door for us*'. But he replies that he doesn't know them. '*So stay awake, because you do not know either the day or the hour*'.

➠ D28-D29-D30-D31-**D32** Mat/Mt/Matt: 25,1-13
N: Alois Van Gool

D33 Karel VI

Karel VI (Wenen, 1685 – 1740), keizer van het Heilige Roomse Rijk der Duitse Natie. Derde zoon uit het derde huwelijk van de Rooms-Duitse keizer Leopold I met Eleonore von Pfalz-Neuburg. Als Karel III, koning van Spanje (1704-1711), schonk hij Leuven in september 1710 een gouden sleutel voor haar heldhaftig optreden bij een Franse belegering van de stad (A22). Vorst van de Oostenrijkse Nederlanden (1713-1740).

scepter in rechterhand, wereldbol in linkerhand

Charles VI, empereur du Saint-Empire romain de la nation germanique. Troisième fils issu du troisième mariage de l'Empereur romain germanique Léopold I avec Éléonore de Pfalz-Neuburg. En tant que Charles III, roi d'Espagne (1704-1711), il offrit à Leuven, en septembre 1710, une clef d'or pour sa résistance héroïque lors du siège de la ville par les Français (A22). Souverain des Pays-Bas autrichiens.

sceptre tenu dans la main droite, globe dans la main gauche

Charles VI, Emperor of the Holy Roman Empire of the German Nation. Third son from the third marriage of the Holy Roman Emperor Leopold I to Eleanor of Pfalz-Neuburg. As Charles III, King of Spain, he awarded Leuven a golden key in September 1710 for its heroic performance during a French siege of the town (A22). Sovereign of the Austrian Netherlands.

sceptre in right hand, globe in left hand

François Smeesters

Genezing van een doofstomme en een blinde
Rechts van Jezus staat een man die zijn gehoor en zijn spraak terugkrijgt, vandaar de engel die boven zijn hoofd de hoorn blaast; links een blinde die opnieuw kan zien.

La guérison d'un sourd-muet et d'un aveugle
A droite de Jésus un sourd-muet, qui recouvre l'ouïe et la parole. C'est ainsi qu'un ange au-dessus de sa tête sonne de la trompe. A gauche un homme qui est guéri de la cécité.

The healing of a deaf and mute manand a blind man
On Jesus' right is a man who has recovered his hearing and his speech, hence the angel blowing the horn above his head; on the left is a blind man who has regained his sight.

➠ **D33** 📖 Marc/Mc/Mark: 7,32-35; 8,22-25
⚒ N: Louis Gérard

D34 Maria Theresia van Oostenrijk

▶ MARIA THERESIA VAN OOSTENRIJK (Wenen, 1717 – 1780). Dochter van Karel VI (D33) en Elisabeth Christine von Brunswick-Wolfenbüttel. Door haar huwelijk met de Rooms-Duitse keizer Frans I werd zij keizerin-gemalin van het Heilige Roomse Rijk der Duitse Natie. Vorstin van de Oostenrijkse Nederlanden (1740-1780). Zij stelde haar schoonbroer Karel van Lotharingen aan tot landvoogd van de Zuidelijke Nederlanden (1749-1780). In 1750 startte men met het graven van het kanaal Leuven-Dijle (B17).

👁 wereldbol in linkerhand

▶ MARIE-THÉRÈSE D'AUTRICHE. Fille de Charles VI (D33) et d'Elisabeth Christine de Brunswick-Wolfenbüttel. Par son mariage avec François I, Empereur romain germanique, elle devint Impératrice consort du Saint-Empire romain de la nation germanique. Souveraine des Pays-Bas autrichiens. Elle installa son beau-frère Charles de Lorraine comme gouverneur des Pays-Bas méridionaux. En 1750, on commenca à creuser le canal Leuven-Dijle (B17).

👁 globe dans la main gauche

▶ MARIA THERESA OF AUSTRIA. Daughter of Charles VI (D33) and Elisabeth Christine of Brunswick-Wolfenbüttel. Through her marriage with the Holy Roman Emperor Francis I, she became Empress of the Holy Roman Empire of the German Nation. Sovereign of the Austrian Netherlands. She appointed her brother-in-law, Charles of Lorraine, as Governor of the Southern Netherlands. In 1750 work began on the Leuven-Dijle canal (B17).

👁 globe in left hand.

⚒ 1875: Victor Petré N 1979: Louis Gérard

Genezing van een lamme
Enkele mannen brengen een bedlegerige lamme bij Jezus. Bij het zien van hun geloof en vertrouwen, vergeeft hij de verlamde zijn zonden. Bovendien, na een dispuut met de schriftgeleerden, geneest hij hem met de woorden, *'Sta op, pak uw bed en ga naar huis'*.

La guérison d'un paralytique
Quelques hommes apportent un paralytique sur une civière chez Jésus. Voyant leur foi et leur confiance, Jésus délie le paralytique de ses péchés. De plus, après une dispute avec des scribes, il le guérit en disant, *'Lève-toi, prends ton lit et rentre chez toi'*.

The healing of a paralytic
Some men bring a bedridden invalid to Jesus. Seeing their faith and confidence, Jesus pardons the sins of the invalid. Furthermore, after a dispute with the scribes, he cures the man, saying, *'Get up, pick up your bed and go off home'*.

➟ **D34** 📖 Marc/Mc/Mark: 2,1-12; Joh/Jn/John: 5,5-9
⚒ N 1979: Louis Gérard

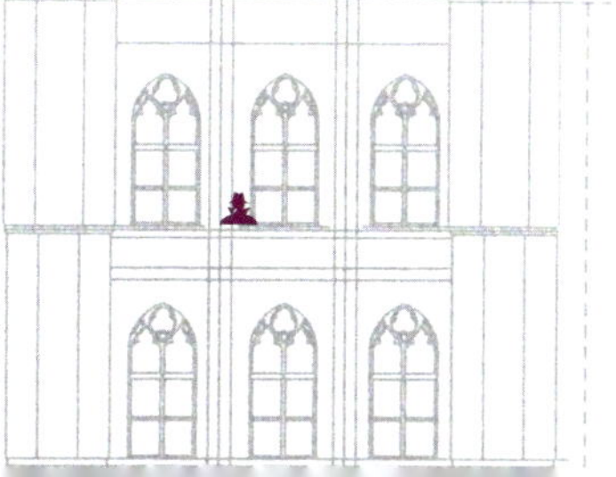

D35 Jozef II

JOZEF II (Wenen, 1741 – 1790), keizer van het Heilige Roomse Rijk der Duitse Natie. Oudste zoon van de Rooms-Duitse keizer Frans I en Maria Theresia van Oostenrijk (D34). Vorst van de Oostenrijkse Nederlanden (1780-1790). In de geest van de Verlichting voerde hij talrijke vaak gecontesteerde hervormingen door op bestuurlijk, maatschappelijk en religieus vlak. Bij dat laatste ijverde hij voor de afschaffing van contemplatieve kloosters. Het leverde hem de bijnaam op van 'Keizer-koster'.

document in linkerhand, ketting van de Orde van het Gulden Vlies

JOSEPH II, empereur du Saint-Empire romain de la nation germanique. Fils ainé de l'empereur romain germanique François I et de Marie-Thérèse d'Autriche (D34). Souverain des Pays-Bas autrichiens. Dans l'esprit du Siècle des Lumières, il réalisa de nombreuses réformes souvent contestées, sur le plan administratif, social et religieux. Pour ce dernier, il s'employa à abroger les ordres contemplatifs, ce qui lui valut le sobriquet 'd'empereur-sacristain'.

document dans la main gauche, chaîne de l'Ordre de la Toison d'Or

JOSEPH II, Emperor of the Holy Roman Empire of the German Nation. Oldest son of the Holy Roman Emperor Francis I and Maria Theresa of Austria (D34). Sovereign of the Austrian Netherlands. In the spirit of the Enlightenment he carried out numerous, often contested, administrative, civil and religious reforms. He campaigned particularly for the abolition of contemplative monasteries. This earned him the nickname of the 'Sacristan Emperor'.

document in left hand, chain of the Order of the Golden Fleece

1875: Victor Petré
N 1979: Louis Gérard

De parabel van de misdadige wijnbouwers [1]
Een landeigenaar legt een wijngaard aan, zet hem af met een omheining, graaft een kuil voor de wijnpers en bouwt een uitkijktoren. Hij verpacht hem aan wijnbouwers en vertrekt naar het buitenland. Tijdens de wijnoogst stuurt hij verschillende keren dienaren naar de wijnbouwers om de opbrengst in ontvangst te nemen. Zij worden mishandeld.

La parabole des vignerons homicides [1]
Un propriétaire plante une vigne, l'entoure d'une clôture, y creuse un pressoir et bâtit une tour. Il le donne en fermage à des vignerons et part en voyage. Pendant les vendanges, il envoie, à plusieurs reprises, des serviteurs pour qu'ils en reçoivent les revenus. Ils sont maltraités.

The parable of the wicked tenants [1]
A landowner plants a vineyard. He puts a wall around it, digs a hole for a winepress and builds a tower. Then he rents the vineyard to some tenants and goes abroad. When vintage time approaches, he repeatedly sends his servants to the tenants to collect his share. However, they are all maltreated.

➠ **D35**-D36 📖 Mat/Mt/Matt: 21,33-45; Marc/Mc/Mark: 12,1-12; Luc/Lc/Luke: 20,9-19
⚒ N: Alois Van Gool

D36 Leopold II

▶ LEOPOLD II (Wenen, 1747 – 1792), keizer van het Heilige Roomse Rijk der Duitse Natie. Tweede zoon van de Rooms-Duitse keizer Frans I en Maria Theresia van Oostenrijk (D34). Broer van Jozef II (D35). Vorst van de Oostenrijkse Nederlanden (1790-1792).

👁 scepter in rechterhand, wereldbol in linkerhand, ketting van de Orde van het Gulden Vlies

▶ LÉOPOLD II, empereur du Saint-Empire romain de la nation germanique. Second fils de l'empereur romain germanique François I et de Marie-Thérèse d'Autriche (D34). Frère de Joseph II (D35). Souverain des Pays-Bas autrichiens.

👁 sceptre dans la main droite, globe dans la main gauche, chaîne de l'Ordre de la Toison d'Or

▶ LEOPOLD II, Emperor of the Holy Roman Empire of the German Nation. Second son of the Holy Roman Emperor Francis I and Maria Theresa of Austria (D34). Brother of Joseph II (D35). Sovereign of the Austrian Netherlands.

👁 sceptre in right hand, globe in left hand, chain of the Order of the Golden Fleece

⚒ 1875: Victor Petré
N 1982: Alois Van Gool

▶ **De parabel van de misdadige wijnbouwers [2]**
Ook de zoon van de eigenaar van de wijngaard wordt naar de wijnbouwers gestuurd om te onderhandelen. Hij wordt door hen gedood. Jezus vraagt aan de omstanders wat de reactie van de eigenaar zal zijn bij zijn terugkeer. Ze antwoorden hem dat hij de misdadige wijnbouwers zal straffen en dat hij de wijngaard aan eerlijke uitbaters zal toevertrouwen. Jezus onderstreept dat het koninkrijk van God *'u zal worden ontnomen, en gegeven worden aan een volk dat het wel vruchten laat dragen'*.

▶ **La parabole des vignerons homicides [2]**
Même le fils du propriétaire de la vigne est envoyé chez les vignerons pour négocier, mais ils le massacrèrent. Jésus demande à ceux qui l'écoutent ce que le propriétaire fera quand il retournera. On lui répond qu'il fera périr les criminels sans pitié, et qu'il louera sa vigne à des exploitants de confiance. Jésus réplique que le Royaume de Dieu *'vous sera retiré pour être confié à un peuple qui lui fera produire ses fruits'*.

▶ **The parable of the wicked tenants [2]**
The son of the proprietor of the vineyard is also sent to the tenants to negotiate. They kill him. Jesus asks, *'What will the landowner do, when he returns?'* The bystanders reply: *'He will bring those wretches to a wretched end, and lease the vineyard to other tenants who will deliver the produce to him at the proper time'*. Jesus adds, *'The kingdom of God will be taken from you and given to a people who will produce its fruit'*.

➠ D35-**D36** 📖 Mat/Mt/Matt: 21,33-45; Marc/Mc/Mark: 12,1-12; Luc/Lc/Luke: 20,9-19
⚒ N: Alois Van Gool

D37 Frans II

Frans II (Firenze, 1768 – Wenen, 1835), laatste keizer van het Heilige Roomse Rijk der Duitse Natie. Zoon van de Rooms-Duitse keizer Leopold II (D36) en Marie-Louise van Bourbon. Vorst van de Oostenrijkse Nederlanden (1792-1794). Bij de *Slag van Fleurus* (26 juni 1794) verloor hij definitief de Zuidelijke Nederlanden aan Frankrijk.

👁 onbekend voorwerp in linkerhand, ketting van de Orde van het Gulden Vlies

François II, dernier empereur du Saint-Empire romain de la nation germanique. Fils de l'Empereur romain germanique Léopold II (D36) et de Marie-Louise de Bourbon. Souverain des Pays-Bas autrichiens. Lors de la *Bataille de Fleurus* (1794), il perdit définitivement les Pays-Bas méridionaux à la France.

👁 objet inconnu dans la main gauche, chaîne de l'Ordre de la Toison d'Or

Francis II, last Emperor of the Holy Roman Empire of the German Nation. Son of the Holy Roman Emperor Leopold II (D36) and Marie-Louise of Bourbon. Sovereign of the Austrian Netherlands. He finally lost the Southern Netherlands to France at the *Battle of Fleurus* (1794).

👁 unknown object in left hand, chain of the Order of the Golden Fleece

⚒ 1875: Henri & Joseph Goyers

Jezus en de Samaritaanse vrouw [1]

Jezus komt aan bij de Samaritaanse stad Sichar. Vermoeid van de reis rust hij uit nabij de Jakobsbron. Een Samaritaanse vrouw komt water putten en Jezus vraagt haar, *'Geef mij wat te drinken'*. Zij antwoordt: *'Hoe kunt u, als Jood, mij om drinken vragen? Ik ben immers een Samaritaanse!'* (Joden gaan niet met Samaritanen om). Ondertussen waren de leerlingen voedsel gaan kopen in de stad.

Jésus et la femme samaritaine [1]

Jésus arrive dans une localité samaritaine, nommée Sychar. Il est fatigué du voyage et se repose près du puits de Jacob. Arrive une femme samaritaine pour puiser de l'eau. Jésus lui demande, *'Donne-moi à boire'*. Elle répond: *'Comment ! Toi qui es Juif, tu me demandes à boire à moi, qui suis une femme samaritaine.'* (Les Juifs n'ont pas de relations avec les Samaritains). Entretemps les disciples étaient partis en ville pour s'y approvisionner.

Jesus and the Samaritan woman [1]

Jesus arrives at a town in Samaria, called Sychar. Tired from the journey, he reposes at Jacob's well. When a Samaritan woman arrives to fetch water, Jesus says to her, *'Give me something to drink'*. She responds: *'You are a Jew and I am a Samaritan woman. How is it that you ask me, a Samaritan, for something to drink?'* (Jews do not associate with Samaritans). Meanwhile the disciples have left to buy food in the town.

➠ **D37**-D38-D39-D40-D41 Joh/Jn/John: 4,5-42 ⚒ N: Louis Gérard

D38 Jan van Rillaer

JAN VAN RILLAER *de Oudere* (Leuven, begin 16de eeuw – 1570), schilder en graveur. In 1548 werd hij stadsschilder. Naast het onderhoud van de jaarlijkse Ommegang, het versieren van de vaandels voor schuttersfeesten enz., maakte hij schilderijen waarvan een aantal wordt bewaard in Museum M Leuven en in de Sint-Pieterskerk waaronder *De marteldood van de H. Catharina* en *De Val der Engelen*.

penselen in rechter- en linkerhand, schilderspalet op linkerarm

JEAN VAN RILLAER *le Vieux*, peintre et graveur. Il devint peintre municipal en 1548. A côté de l'entretien du cortège annuel, dite l' Ommegang, de la décoration des drapeaux pour les fêtes des arbalétriers etc., il peignit des tableaux dont certains sont conservés au Musée M Leuven et à l'église Saint-Pierre dont *Le Martyre de sainte Catherine* et *La Chute des Anges*.

pinceaux dans la main droite et gauche, palette sur le bras gauche

JAN VAN RILLAER *the Elder*. Painter and engraver. In 1548 he was appointed official town painter. Besides organising the annual parade (or Ommegang), decorating the banners for the archers' celebrations, etc., he created paintings, some of which are kept in Museum M Leuven and in St. Peter's Church, including *The Martyrdom of St. Catherine* and *The Fall of the Angels*.

paint brushes in right and left hand, palette on left arm

N 1903: François Vermeylen jr. & Benoît Van Uytvanck

Jezus en de Samaritaanse vrouw [2]
De teruggekeerde leerlingen zijn verbaasd dat Jezus een gesprek voert met een Samaritaanse. Zij vertrekt en laat haar kruik achter.

Jésus et la femme samaritaine [2]
Les disciples qui sont revenus s'étonnent que Jésus parle avec une femme samaritaine. Elle part et abandonne sa cruche.

Jesus and the Samaritan woman [2]
When the disciples return, they are amazed that Jesus is speaking with a Samaritan woman. She departs, leaving her pitcher behind.

➠ D37-**D38**-D39-D40-D41 Joh/Jn/John: 4,5-42
⚒ N: Louis Gérard

D39 Guy Morillon

GUY MORILLON (Franche-Comté, eind 15de eeuw – Leuven, 1558), humanist en diplomaat, vestigde zich omstreeks 1517 te Leuven. Hij doceerde een jaar Grieks aan het *Collegium Trilingue* en was, van 1517 tot 1555, onafgebroken 'geheimschrijver' of secretaris van Karel V (D27).

👁 schrijfveer in rechterhand, document in linkerhand

GUY MORILLON, humaniste et diplomate, s'établit vers 1517 à Leuven. Il enseigna pendant un an le grec au *Collegium Trilingue* et fut, de 1517 jusqu'en 1555, sans interruption le secrétaire privé de Charles Quint (D27).

👁 plume d'oie dans la main droite, document dans la main gauche

GUY MORILLON, humanist and diplomat, settled in Leuven around 1517. He taught Greek for one year at the *Collegium Trilingue*, and from 1517 to 1555 he was continuously the private secretary of Charles V (D27).

👁 quill in right hand, document in left hand

⚒ N 1903: François Vermeylen jr. & Benoît Van Uytvanc

Jezus en de Samaritaanse vrouw [3]
De vrouw trekt naar de stad en verkondigt er dat zij wellicht de Messias heeft ontmoet, aangezien hij alles over haar wist te vertellen.

Jésus et la femme samaritaine [3]
La femme s'en fut à la ville et y raconte qu'elle avait sans doute rencontré le Messie puisqu'il savait tout d'elle.

Jesus and the Samaritan woman [3]
The woman hurries back to town and says to the people: *'Come and see a man who has told me everything I have done; could this be the Messiah?'*

➠ D37-D38-**D39**-D40-D41 📖 Joh/Jn/John: 4,5-42
⚒ N: Louis Gérard

D40 Leopold II van Saksen-Coburg

▶ LEOPOLD II VAN SAKSEN-COBURG EN GOTHA (Brussel, 1835-1909), tweede koning der Belgen (1865-1909). Tweede zoon uit het tweede huwelijk van Leopold I, koning der Belgen, met Louise-Marie van Orléans. Leopold II ontwikkelde een indrukwekkende urbanisatiepolitiek, betaald met het geld uit zijn wingewest Congo, dat later aan de Belgische Staat werd overgelaten. Hij tekende op zijn sterfbed de wet op de dienstplicht.

👁 document met de inscripitie CONGO in rechterhand, handschoenen in linkerhand

▶ LÉOPOLD II DE SAXE-COBOURG ET GOTHA, deuxième roi des Belges. Deuxième fils issu du second mariage de Léopold Ier avec Louise-Marie d'Orléans. Il élabora une remarquable politique d'urbanisation, payée par les fonds tirés de son territoire du Congo, qui plus tard fut cédé à l'état belge. Sur son lit de mort, il signa la loi sur le service militaire obligatoire.

👁 document avec l'inscription CONGO dans la main droite, gants dans la main gauche

▶ LEOPOLD II OF SAXE-COBURG AND GOTHA, second King of the Belgians. Second son from the second marriage of King Leopold I to Louise-Marie of Orléans. He carried out an impressive policy of urbanization, financed with money from his holdings in Congo which were later given to the Belgian state. On his deathbed he drew up the law on conscription.

👁 document with inscription CONGO in right hand, gloves in left hand

⚒ N 1903: François Vermeylen jr. & Benoît Van Uytvanck

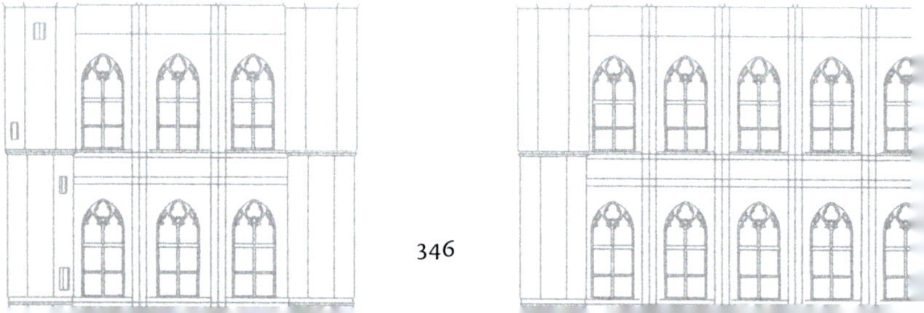

Jezus en de Samaritaanse vrouw [4]
De Samaritanen verzoeken Jezus bij hen te blijven.

Jésus et la femme samaritaine [4]
Les Samaritains demandent à Jésus de rester auprès d'eux.

Jesus and the Samaritan woman [4]
The Samaritans ask Jesus to stay with them.

➠ D37-D38-D39-**D40**-D41 Joh/Jn/John: 4,5-42
⚒ N: Louis Gérard

D41 Napoleon

NAPOLEON (Ajaccio, 1769 – Sint-Helena, 1821), Frans generaal en keizer. Tweede zoon van Carlo Bonaparte en Maria-Letizia Ramolino. Hij kwam door een staatsgreep in Frankrijk aan de macht (9 november 1799), sloot een concordaat met paus Pius VII (15 juli 1801) en kroonde zichzelf tot keizer van de Fransen (2 december 1804). Hij vaardigde de *Code Napoléon* uit, waarop het huidig rechtssysteem in België is gebaseerd. Zijn talrijke oorlogen eindigden met zijn nederlaag in de *Slag bij Waterloo* (18 juni 1815).

lauwerkrans, halsketting, scepter in rechterhand, wereldbol in linkerhand

NAPOLÉON, général français et empereur. Deuxième fils de Carlo Bonaparte et de Maria-Letizia Ramolino. Par un coup d'état en France, il obtint le pouvoir en 1799, conclut un concordat avec le pape Pie VII en 1801 et se couronna empereur des Français en 1804. Il promulga le *Code Napoléon*, base du système juridique belge actuel. Ses nombreuses guerres se terminèrent par sa défaite à la *Bataille de Waterloo* (1815).

couronne de lauriers, collier, sceptre dans la main droite, globe dans la main gauche

NAPOLEON, French general and Emperor. Second son of Carlo Bonaparte and Maria-Letizia Ramolino. He came to power in France through a coup in 1799, concluded a concordat with Pope Pius VII in 1801 and crowned himself Emperor of the French in 1804. He issued the *Code Napoléon* on which the present legal system of Belgium is based. His numerous wars ended with his defeat in the *Battle of Waterloo* (1815).

laurel wreath, chain, sceptre in right hand, globe in left hand

Jules Courroit

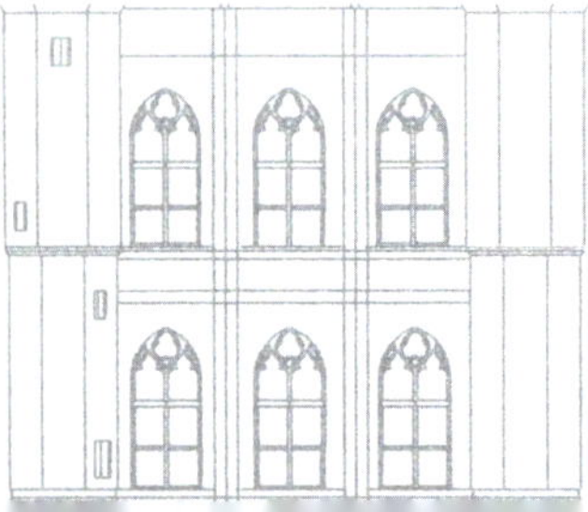

Jezus en de Samaritaanse vrouw [5]
Op grond van de getuigenis van de vrouw geloven vele Samaritanen uit die stad in Jezus en erkennen ze hem als *'Redder van de wereld'*.

Jésus et la femme samaritaine [5]
Sur base de la déclaration de la femme, beaucoup de Samaritains de cette ville crurent en Jésus et reconnurent en lui le *'Sauveur du monde'*.

Jesus and the Samaritan woman [5]
On the basis of this woman's testimony, many Samaritans in that town come to believe in Jesus and recognise him as *'Saviour of the world'*.

➠ D37-D38-D39-D40-**D41** 📖 Joh/Jn/John: 4,5-42
⚒ N: Louis Gérard

Torenbeelden

Les statues des tourelles

The statues on the turrets

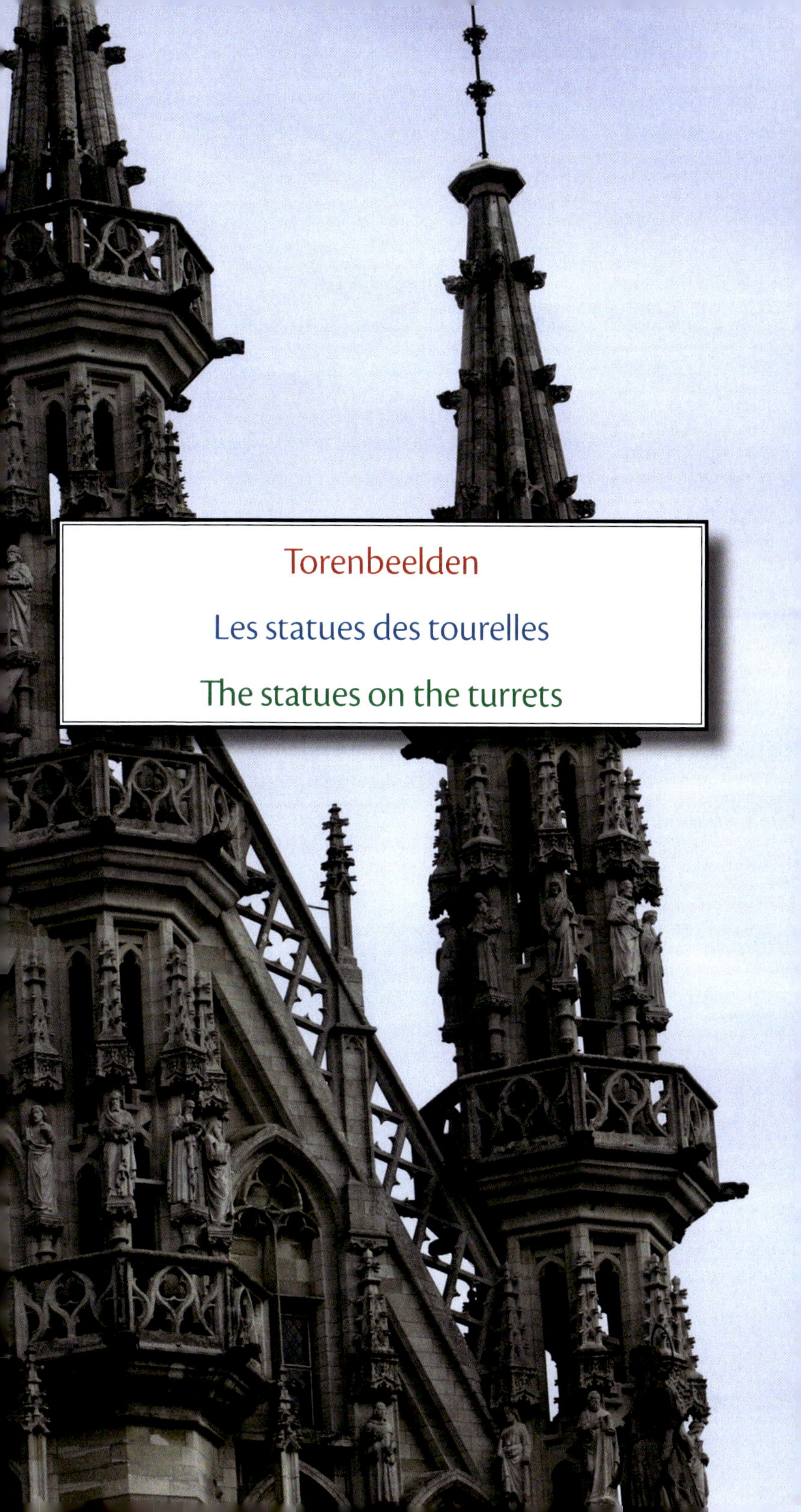

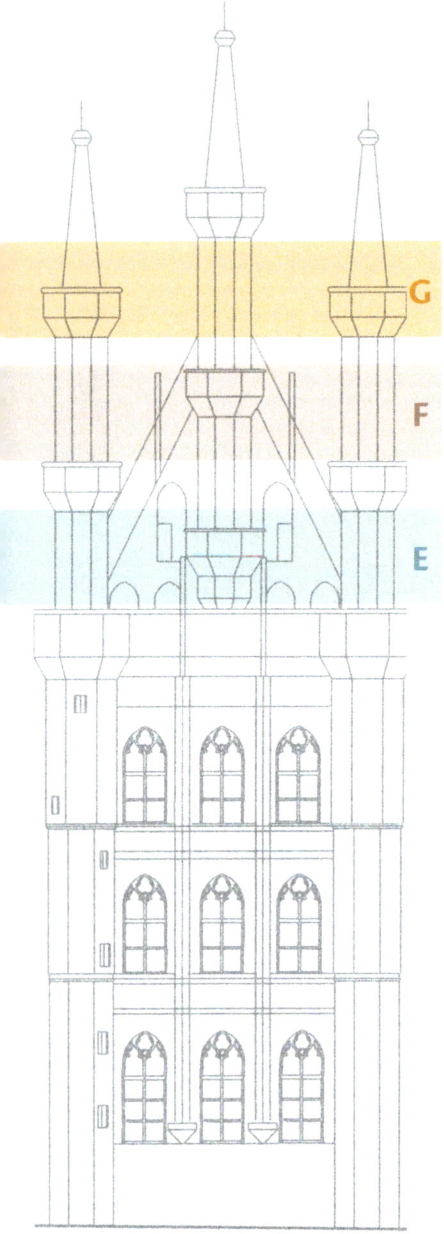
G
F
E

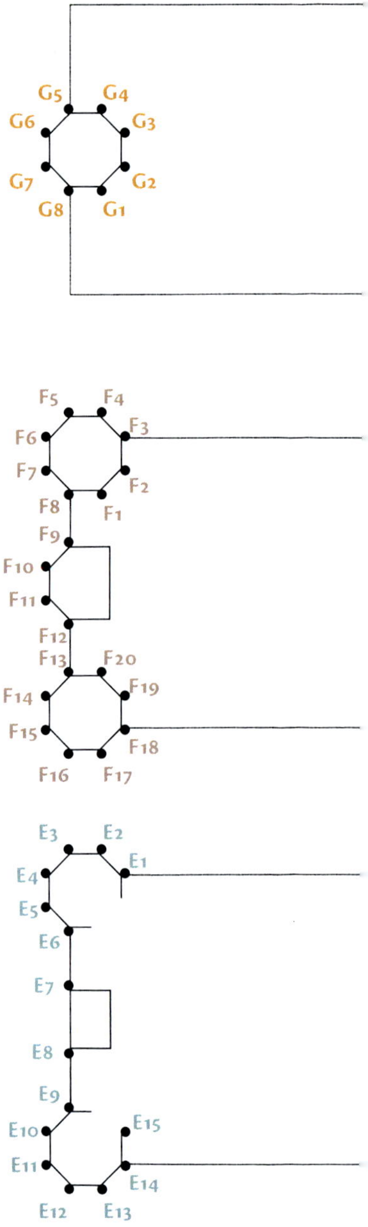
G5 G4
G6 G3
G7 G2
G8 G1
F5 F4
F6 F3
F7 F2
F8 F1
F9
F10
F11
F12
F13 F20
F14 F19
F15 F18
F16 F17
E3 E2
E4 E1
E5
E6
E7
E8
E9
E10 E15
E11 E14
E12 E13

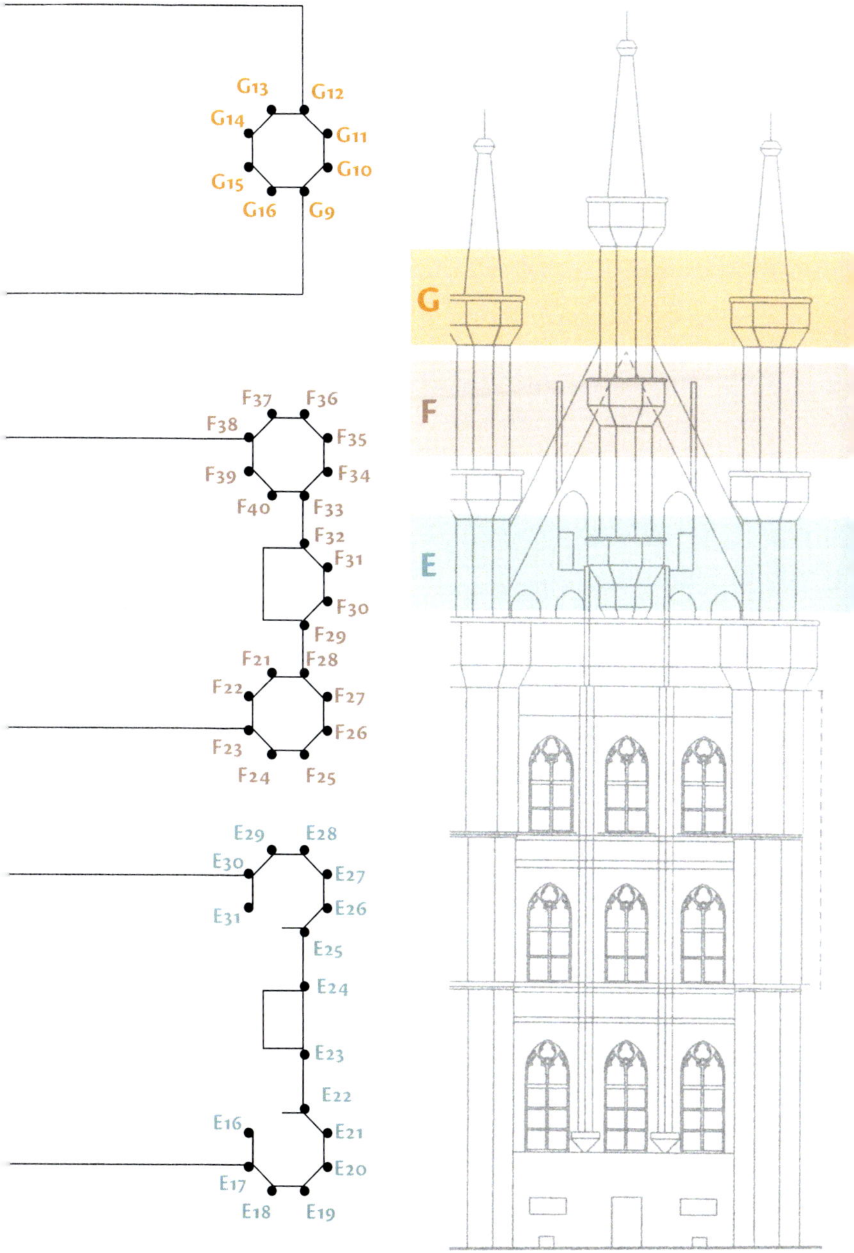

G13
G12
G14
G11
G15
G10
G16
G9
G
F37
F36
F38
F35
F39
F34
F40
F33
F32
F31
F30
F29
F21
F28
F22
F27
F23
F26
F24
F25
F
E
E29
E28
E30
E27
E31
E26
E25
E24
E23
E22
E16
E21
E17
E20
E18
E19

E1

KONING

kroon, scepter in rechterhand, boek in linkerhand

ROI

couronne, sceptre dans la main droite, livre dans la main gauche

KING

crown, sceptre in right hand, book in left hand

E2

KONING

kroon, scepter in rechterhand

ROI

couronne, sceptre dans la main droite

KING

crown, sceptre in right hand

⚒ N 1975: Vandekerckhove Ingelmunster

E3

KONING

kroon, scepter in linkerhand, halsketting

ROI

couronne, sceptre dans la main gauche, collier

KING

crown, sceptre in left hand, chain

N 1975: Vandekerckhove Ingelmunster

E4

KONING

scepter in linkerhand

ROI

sceptre dans la main gauche

KING

sceptre in left hand

N 1976: Alois Van Gool

E5

KONING

kroon, scepter in rechterhand, tekstrol in linkerhand

ROI

couronne, sceptre dans la main droite, rouleau dans la main gauche

KING

crown, sceptre in right hand, scroll in left hand

E6
Amon

AMON, koning van Juda (643-641 v.Chr.). Zoon van koning Manasse

tekstrol met inscriptie AMON

AMON, roi de Juda, fils du roi Manassé

rouleau avec l'inscription AMON

AMON, King of Judah, son of King Manasseh

scroll with inscription AMON

E7
Salomo

E8

- SALOMO, derde koning van Israël (962-932 v.Chr.). Zoon van koning David (F11)

  kroon, halsketting, tekstrol met inscriptie CANTICUM

- SALOMON, troisième roi d'Israël, fils du roi David

  couronne, collier, rouleau avec l'inscription CANTICUM

- SOLOMON, third King of Israel, son of King David

  crown, chain, scroll with inscription CANTICUM

- JONGE VROUW

  vuurpot in rechterhand, fakkel aan linkerzijde

- JEUNE FEMME

  brasier dans la main droite, flambeau du côté gauche

- YOUNG WOMAN

  brazier in right hand, torch on left side

KONING

scepter in linkerhand

ROI

sceptre dans la main gauche

KING

sceptre in left hand

KLEINE PROFEET

tekstrol in rechterhand

PETIT PROPHÈTE

rouleau dans la main droite

MINOR PROPHET

scroll in right hand

N 1975: Alois Van Gool

E11

HERDER

schaap, herderstas

BERGER

mouton, panetière

SHEPHERD

sheep, shepherd's bag

E12

OUDE MAN

helm, drie broden op beide handen, tas aan rechterheup

VIEILLARD

casque, trois pains sur les deux mains, sac à la hanche droite

OLD MAN

helmet, three loaves of bread in both hands, bag on right hip

E13

▶ JONGE MAN

▶ JEUNE HOMME

▶ YOUNG MAN

⚒ N 1975: Alois Van Gool

E14

▶ PRIESTER

👁 priestergewaad

▶ PRÊTRE

👁 habit sacerdotal

▶ PRIEST

👁 priestly robes

⚒ Jules Courroit
N 1975: Alois Van Gool

E15
Jozef

▶ Sint-Jozef, pleegvader van Jezus (E17)

👁 lelie in beide handen

▶ Saint Joseph, père nourricier de Jésus

👁 lis dans les deux mains

▶ St. Joseph, foster father of Jesus

👁 lily in both hands

⚒ Jules Courroit
N 1975: Alois Van Gool

E16
Maria

▶ Maria, moeder van Jezus (E17)

▶ Marie, mère de Jésus

▶ Mary, mother of Jesus

⚒ François Vermeylen sr.
N 1976: Alois Van Gool

E17
Jezus

E18
Petrus

- Jezus, de Messias. Zoon van God en Mensenzoon
  - zegening van het brood
- Jésus, le Messie. Fils de Dieu et Fils de l'Homme
  - bénédiction du pain
- Jesus, the Saviour. Son of God and Son of Man
  - blessing the bread.

⚒ François Vermeylen sr.
N 1978: Louis Gérard

- Petrus, apostel
  - boek onder linkerarm, sleutels in linkerhand
- Saint Pierre, apôtre
  - livre sous le bras gauche, clés dans la main gauche
- St. Peter, Apostle
  - book under left arm, keys in left hand

⚒ François Vermeylen sr.

E19
Paulus

▶ **Paulus, christelijke geloofsverkondiger**

👁 wandelstok in linkerhand

▶ **Saint Paul, prédicateur chrétien**

👁 canne dans la main gauche

▶ **St. Paul, preacher of the Christian faith**

👁 walking stick in left hand

⚒ François Vermeylen sr.
N 1978: Louis Gérard

E20
Johannes

▶ **Johannes, apostel en evangelist**

👁 kelk met opstijgende slang in linkerhand

▶ **Saint Jean, apôtre et évangéliste**

👁 calice avec un serpent émergeant dans la main gauche

▶ **St. John, Apostle and evangelist**

👁 in left hand chalice with snake emerging from it

⚒ François Vermeylen sr.
N 1977: Louis Gérard

E21
Andreas

E22

▶ **Andreas, apostel**

arm van een kruis achter linkerschouder

▶ **Saint André, apôtre**

bras d'une croix derrière l'épaule gauche

▶ **St. Andrew, Apostle**

arm of a cross behind left shoulder

⚒ François Vermeylen sr.
N 1977: Alois Van Gool

▶ **Apostel**

boek in rechterhand

▶ **Apôtre**

livre dans la main droite

▶ **Apostle**

book in right hand

⚒ N 1977: Louis Gérard

E23
Alard Duhamel

E24
Nicolas Chavre

▶ ALARD DUHAMEL (ca. 1450 – 1505/6), bouwmeester. Werkte aan het zuiderportaal van de Sint-Pieterskerk.

passer in rechterhand, plan in linkerhand

▶ ALARD DUHAMEL, architecte, qui travailla au portail sud de l'église Saint-Pierre.

compas dans la main droite, plan dans la main gauche

▶ ALARD DUHAMEL, Architect. Worked on the south portal of St. Peter's Church.

compass in right hand, plan in left hand

⚒ N 1903: François Vermeylen jr. & Benoît Van Uytvanck

▶ NICOLAS CHAVRE (14de eeuw), muntmeester te Leuven.

geldbeugel, muntstempel en weegschaal

▶ NICOLAS CHAVRE, maître monnayeur à Leuven.

bourse, coin de monnaie et balance

▶ NICOLAS CHAVRE, master of the mint in Leuven.

money bag, money stamp and weighing scales

⚒ N 1903: François Vermeylen jr. & Benoît Van Uytvanck

E25
Jacobus

▶ **JACOBUS *de Mindere*, apostel**

boek in rechterhand, knots in linkerhand

▶ **SAINT JACQUES *le Mineur*, apôtre**

livre dans la main droite, massue dans la main gauche

▶ **ST. JAMES *the Less*, Apostle**

book in right hand, bludgeon in left hand

⚒ Victor Petré
N 1978: Louis Gérard

E26
Thomas

▶ **THOMAS, apostel**

boek in linkerhand

▶ **SAINT THOMAS, apôtre**

livre dans la main gauche

▶ **ST. THOMAS, Apostle**

book in left hand

⚒ Léon Van Emelen
N 1978: Louis Gérard

E27
Matthias

E28

▶ MATTHIAS, apostel. Opvolger van Judas Iskariot

👁 boek in rechterhand, hakbijl in linkerhand

▶ SAINT MATTHIAS, apôtre, qui succède à Judas Iscariote

👁 livre dans la main droite, hache dans la main gauche

▶ ST. MATTHIAS, the Apostle who succeeded Judas Iscariot

👁 book in right hand, hatchet in left hand

⚒ Léon Van Emelen
N 1978: Alois Van Gool

▶ KONING

👁 kroon, scepter in rechterhand

▶ ROI

👁 couronne, sceptre dans la main droite

▶ KING

👁 crown, sceptre in right hand

E29

PRIESTER

ketting van de Orde van het Gulden Vlies

PRÊTRE

chaîne de l'Ordre de la Toison d'Or

PRIEST

chain of the Order of the Golden Fleece

N 1978: Louis Gérard

E30

HOGEPRIESTER

priestergewaad met pectoraal ('borstschild van het oordeel'), beker in linkerhand

GRAND PRÊTRE

habit sacerdotal avec pectoral du jugement, gobelet dans la main gauche

HIGH PRIEST

priestly robes with breastplate of judgement, goblet in left hand

N 1978: Louis Gérard

E31

KONING

kroon, scepter in rechterhand, tekstrol in linkerhand

ROI

couronne, sceptre dans la main droite, rouleau dans la main gauche

KING

crown, sceptre in right hand, scroll in left hand

- JONGE MAN
- JEUNE HOMME
- YOUNG MAN

- OUDE MAN
- VIEILLARD
- OLD MAN

⚒ N 1975: Alois Van Gool

F3

- KLEINE PROFEET

  ontvouwen tekstrol in beide handen

- PETIT PROPHÈTE

  rouleau déployé par les deux mains

- MINOR PROPHET

  unrolled scroll in both hands

F4
Maria

- MARIA, moeder van Jezus

- MARIE, mère de Jésus

- MARY, mother of Jesus

F5

- **HERDER**
  - herdersstaf in linkerhand
- **BERGER**
  - houlette dans la main gauche
- **SHEPHERD**
  - shepherd's crook in left hand

F6
Jezus

- **JEZUS, Ecce Homo**
  - doornenkroon, gebonden handen
- **JÉSUS, Ecce Homo**
  - couronne d'épines, mains liées
- **JESUS, Ecce Homo**
  - crown of thorns, bound hands

F7

MAN

kromzwaard in rechterhand, boek in linkerhand

HOMME

cimeterre dans la main droite, livre dans la main gauche

MAN

scimitar in right hand, book in left hand

F8

KONING

scepter in rechterhand

ROI

sceptre dans la main droite

KING

sceptre in right hand

F9
Isaï/Jesse

F10

- **Isaï/Jesse, vader van koning David (F11)**
  - de maquette op de zolder van het stadhuis vermeldt zijn naam
- **Jessé, père du roi David**
  - la maquette au grenier de l'hôtel de ville porte son nom
- **Jesse, father of King David**
  - his name is to be found on the model in the attic of the Town Hall

- **KONING**
  - scepter in linkerhand
- **ROI**
  - sceptre dans la main gauche
- **KING**
  - sceptre in left hand

F11

▶ **DAVID, tweede koning van Israël (1000-962 v.Chr.). Zoon van Isaï/ Jesse (F9) en vader van koning Salomo (E7)**

👁 tekstrol met de inscriptie PSALMEN

▶ **DAVID, deuxième roi d'Israël. Fils de Jessé et père du roi Salomon**

👁 rouleau comprenant l'inscription PSALMEN (psaumes)

▶ **DAVID, second King of Israel. Son of Jesse and father of King Solomon**

👁 scroll with inscription PSALMEN (Psalms)

F12

▶ **KONING**

👁 kroon, scepter in rechterhand, tekstrol met zegel in linkerhand

▶ **ROI**

👁 couronne, sceptre dans la main droite, rouleau avec sceau dans la main gauche

▶ **KING**

👁 crown, sceptre in right hand, scroll with seal in left hand

F13

KONING

kroon, scepter in rechterhand

ROI

couronne, sceptre dans la main droite

KING

crown, sceptre in right hand

F14

KONING

kroon, scepter in rechterhand, onbekend voorwerp in linkerhand

ROI

couronne, sceptre dans la main droite, objet inconnu dans la main gauche

KING

crown, sceptre in right hand, unknown object in left hand

R 1975: Willem de Backer

F15
Uzzia

F16
Jotam

- Uzzia, koning van Juda (783-742 v.Chr.)
  - scepter in rechterhand, tekstrol met inscriptie Ozias in linkerhand
- Ozias, roi de Juda
  - sceptre dans la main droite, rouleau avec l'inscription Ozias dans la main gauche
- Uzziah, King of Judah
  - sceptre in right hand, scroll with inscription Ozias in left hand

- Jotam, koning van Juda (742-735 v.Chr.). Zoon van koning Uzzia (F15)
  - scepter, tekstrol met inscriptie Joatham
- Joatham, roi de Juda, fils du Roi Ozias
  - sceptre, rouleau avec l'inscription Joatham
- Jotham, King of Judah, son of King Uzziah
  - sceptre, scroll with inscription Joatham

F17

▶ KONING

scepter in rechterhand, tekstrol in linkerhand

▶ ROI

sceptre dans la main droite, rouleau dans la main gauche

▶ KING

sceptre in right hand, scroll in left hand

F18

▶ KONING

kroon, tekstrol in linkerhand

▶ ROI

couronne, rouleau dans la main gauche

▶ KING

crown, scroll in left hand

⚒ N 1976: Louis Gérard

F19

OUDE MAN
wandelstok

VIEILLARD
canne

OLD MAN
walking stick

F20

MAN

HOMME

MAN

F21
Simson

▶ **Simson, rechter van Israël**

👁 ezelskinnebak in rechterhand

▶ **Samson, juge d'Israël**

👁 mâchoire d'âne dans la main droite

▶ **Samson, judge of Israel**

👁 donkey's jawbone in right hand

⚒ N 1903: François Vermeylen jr. & Benoît Van Uytvanck

F22
Mozes

▶ **Mozes, wetgever van het Ouc Testament**

👁 twee 'stralenbundels' op hoofd, amfoor in rechterha

▶ **Moïse, législateur de l'Ancien Testament**

👁 deux 'faisceaux lumineux' s la tête, amphore dans la ma droite

▶ **Moses, Old Testament legisla**

👁 two 'horns of light' on his head, amphora in right har

⚒ N 1903: François Vermeylen jr. & Benoît Van Uytvanck

F23
Äron

F24
Jesaja

Äron, hogepriester van Israël. Broer van Mozes (F22)

- priestergewaad met pectoraal ('borstschild van het oordeel'), wierookvat

Aaron, grand sacrificateur d'Israël. Frère de Moïse

- habit sacerdotal avec pectoral du jugement, encensoir

Aaron, high priest of Israel. Brother of Moses

- priestly robes with breastplate of judgement, censer

Jesaja, een van de vier grote profeten

- boomzaag in beide handen, tekstrol

Isaïe, un des quatre grands prophètes

- scie forestière dans les deux mains, rouleau

Isaiah, one of the four major prophets

- crosscut saw in both hands, scroll

⚒ N 1903: François Vermeylen jr. & Benoît Van Uytvanck

F25 Ezechiël

▶ EZECHIËL, een van de vier grote profeten

👁 wiel in linkerhand

▶ ÉZÉCHIEL, un des quatre grands prophètes

👁 roue dans la main gauche

▶ EZEKIEL, one of the four major prophets

👁 wheel in left hand

⚒ N 1903: François Vermeylen jr. & Benoît Van Uytvanck

F26 Jeremia

▶ JEREMIA, een van de vier grote profeten

👁 tekstrol in linkerhand

▶ JÉRÉMIE, un des quatre grands prophètes

👁 rouleau dans la main gauche

▶ JEREMIAH, one of the four major prophets

👁 scroll in left hand

⚒ N 1903: François Vermeylen jr. & Benoît Van Uytvanck
N 1978: Louis Gérard

F27
Daniël

F28

▶ **DANIËL, een van de vier grote profeten**

👁 ontvouwen tekstrol. De maquette op de zolder van het stadhuis bevat zijn naam

▶ **DANIEL, un des quatre grands prophètes**

👁 rouleau déployé. La maquette au grenier de l'hôtel de ville porte son nom

▶ **DANIEL, one of the four major prophets**

👁 unrolled scroll. His name is indicated on the model in the attic of the Town Hall

▶ **KONING**

👁 scepter in linkerhand

▶ **ROI**

👁 sceptre dans la main gauche

▶ **KING**

👁 sceptre in left hand

F29

APOSTEL

boek in rechterhand

APÔTRE

livre dans la main droite

APOSTLE

book in right hand

N 1978: Louis Gérard

F30 Bartholomeüs

BARTHOLOMEÜS, apostel

mes in rechterhand, boek in linkerhand

SAINT BARTHÉLEMY, apôtre

couteau dans la main droite, livre dans la main gauche

ST. BARTHOLOMEW, apostle

knife in right hand, book in left hand

Emile Godts

F31 Jacobus

F32 Philippus

- JACOBUS *de Meerdere*, apostel
  - 👁 open boek in rechterhand
- SAINT JACQUES *le Majeur*, apôtre
  - 👁 livre ouvert dans la main droite
- ST. JAMES *the Greater*, Apostle
  - 👁 open book in right hand

⚒ Léopold Raynaud

- PHILIPPUS, apostel
  - 👁 omgekeerd kruis in linkerhand
- SAINT PHILIPPE, apôtre
  - 👁 croix renversée dans la main gauche
- ST. PHILIP, Apostle
  - 👁 inverted cross in left hand

⚒ Léopold Raynaud
N 1978: Louis Gérard

F33

KLEINE PROFEET

tekstrol in linkerhand

PETIT PROPHÈTE

rouleau dans la main gauche

MINOR PROPHET

scroll in left hand

F34

KLEINE PROFEET

ontvouwen tekstrol in beide handen

PETIT PROPHÈTE

rouleau déployé par les deux mains

MINOR PROPHET

unrolled scroll in both hands

F35
Mattheüs

- MATTHEÜS, apostel en evangelist
  - schrijfveer in rechterhand, boek in linkerhand
- SAINT MATHIEU, apôtre et évangéliste
  - plume d'oie dans la main droite, livre dans la main gauche
- ST. MATTHEW, Apostle and evangelist
  - quill in right hand, book in left hand

⚒ N 1978: Alois Van Gool

F36
Caritas

- CARITAS, derde van de drie goddelijke deugden
  - brandend hart in linkerhand
- LA CHARITÉ, troisième des trois vertus théologales
  - cœur brûlant dans la main gauche
- CHARITY, the third of the three theological virtues
  - burning heart in left hand

⚒ N 1978: Louis Gérard

F37
Elia

F38
Elisa

▶ **ELIA, profeet**

raaf met brood in de bek, een grote plaat. De maquette op de zolder van het stadhuis bevat het citaat ZELO ZELATUS SUM van Elia

▶ **ÉLIE, prophète**

corbeau avec pain dans le bec, une tablette. La maquette au grenier de l'hôtel de ville porte sur la tablette la citation d'Élie

▶ **ELIJAH, prophet**

raven with bread in its beak, a tablet. The tablet on the model in the attic of the Town Hall carries the quotation from Elijah

▶ **ELISA, profeet. Opvolger van Elia (E37)**

het uitgieten van een kruik i rechterhand, bijl zonder stee aan rechtervoet

▶ **ÉLISÉE, prophète. Successeur d'É**

déversement d'une cruche avec la main droite, hache sa poignée au pied droit

▶ **ELISHA, prophet. Successor of Eli**

pours from the pitcher in hi right hand, hatchet without handle at his right foot

⚒ N 1978: Louis Gérard

F39

- OUDE MAN
- VIEILLARD
- OLD MAN

F40
Prudentia

- PRUDENTIA, een van de vier kardinale deugden

  jonge vrouw met lantaarn in linkerhand

- PRUDENCE, une des quatre vertus cardinales

  jeune femme avec lanterne dans la main gauche

- PRUDENCE, one of the four cardinal virtues

  young woman with lantern in left hand

G1

▶ **JONGE MAN**

kromzwaard in beide handen

▶ **JEUNE HOMME**

cimeterre dans les deux mains

▶ **YOUNG MAN**

scimitar in both hands

G2

▶ **KONING**

kroon, scepter in rechterhand

▶ **ROI**couronne, sceptre dans la main droite

▶ **KING**

crown, sceptre in right hand

▶ OUDE MAN

pot in rechterhand, dolk in linkerhand

▶ VIEILLARD

pot dans la main droite, poignard dans la main gauche

▶ OLD MAN

pot in right hand, dagger in left hand

▶ KONING

kroon, scepter in rechterhand

▶ ROI

couronne, sceptre dans la main droite

▶ KING

crown, sceptre in right hand

N 1975: Vandekerckhove Ingelmunster

G5

KONING

kroon, scepter in rechterhand

ROI

couronne, sceptre dans la main droite

KING

crown, sceptre in right hand

N 1975: Vandekerckhove Ingelmunster

G6

KONING

kroon, scepter in rechterhand, tekstrol met zegel in linkerhand

ROI

couronne, sceptre dans la main droite, rouleau avec sceau dans la main gauche

KING

crown, sceptre in right hand, scroll with seal in left hand

G7

OUDE MAN

herdersstaf in linkerhand

VIEILLARD

houlette dans la main gauche

OLD MAN

shepherd's crook in left hand

G8

KONING

kroon, scepter in rechterhand, boek in linkerhand

ROI

couronne, sceptre dans la main droite, livre dans la main gauche

KING

crown, sceptre in right hand, book in left hand

G9
Gideon

G10

- **Gideon, rechter van Israël**
  schapenvacht in rechterhand, groot zwaard
- **Gédéon, juge d'Israël**
  peau de brebis dans la main droite, grand épée
- **Gideon, judge of Israel**
  sheep's fleece in right hand, large sword

N 1903: François Vermeylen jr. & Benoît Van Uytvanck
N 1978: Louis Gérard

- **MAN**
  doodshoofd in linkerhand, kinderlijk onder rechtervoet
- **HOMME**
  crâne dans la main gauche, corps d'enfant sous le pied droit
- **MAN**
  skull in left hand, child's body under right foot

N 1978: Louis Gérard

G11

MAN

schild met afbeelding van zon en maansikkel

HOMME

bouclier avec la représentation du soleil et le croissant lunaire

MAN

shield with images of the sun and crescent moon

N 1978: Louis Gérard

G12

JONGE MAN

kruik in beide handen

JEUNE HOMME

cruche dans les deux mains

YOUNG MAN

pitcher in both hands

N 1978: Louis Gérard

G13
Jona

G14

JONA, een van de twaalf kleine profeten

grote vis aan rechtervoet, tekstrol in linkerhand

JONAS, un des douze petits prophètes

gros poisson au pied droit, rouleau dans la main gauche

JONAH, one of the twelve minor prophets

big fish at right foot, scroll in left hand

N 1903: François Vermeylen jr. & Benoît Van Uytvanck
N 1978: Alois Van Gool

MAN

hoorn in rechterhand, tekstrol in linkerhand

HOMME

corne dans la main droite, rouleau dans la main gauche

MAN

horn in right hand, scroll in left hand

G15
Sefanja

- **Sefanja, een van de twaalf kleine profeten**
  - ontvouwen tekstrol. De maquette op de zolder van het stadhuis bevat zijn naam
- **Sophonie, un des douze petits prophètes**
  - rouleau déployé. La maquette au grenier de l'hôtel de ville porte son nom
- **Zephaniah, one of the twelve minor prophets**
  - unrolled scroll. His name is inscribed on the model in the attic of the Town Hall

G16

- **JONGE MAN**
  - schild met 'zonnegezicht' aan rechterzijde, zwaard aan linkerzijde
- **JEUNE HOMME**
  - bouclier avec représentation de la 'face du soleil' du côté droit, épée du côté gauche
- **YOUNG MAN**
  - shield with an image of the 'sun's face' on right side, sword on left side

Indices

KRAAGSTENEN: DE ONDERWERPEN

De identificatie van de titels met een * is onzeker.

NAAMREGISTER

De vetgedrukte cijfers verwijzen naar de beelden, de gecursiveerde naar de figuren op de kraagstenen.

CORBEAUX: LES SUJETS

L'identification des titres précédés d'un * est douteuse.

TABLE DES NOMS CITÉS

Les chiffres en caractères gras renvoient aux statues, ceux en italique aux figures des corbeaux.

CORBELS: SUBJECT INDEX

Titles with an * cannot be identified with certainty.

INDEX OF NAMES

The numbers in bold indicate the statues, while those in italics point to the figures on the corbels.

DE BEELDHOUWERS / LES SCULPTEURS / THE SCULPTORS

- De namen met een * verwijzen naar de beeldhouwers die tijdens de laatste restauratie 33 kraagstenen, 62 gevelbeelden en 34 torenbeelden hebben vernieuwd en 9 gevelbeelden en één torenbeeld hebben gerestaureerd.
- Les noms marqués de * renvoyent aux sculpteurs qui, au cours de la dernière restauration, ont rénové 33 corbeaux, 62 statues des façades et 34 statues des tourelles et ont restauré 9 statues des façades ainsi qu'une statue de tourelle.
- Names marked with an * refer to sculptors who during the last restoration campaign recarved 33 corbels, 62 façade statues and 34 tower statues, and restored 9 façade statues and one tower statue.

FOTOS / PHOTOS / PHOTOGRAPHS

Leuven, Stadsarchief: p. 62, 63
Leuven, G. Huybens: p. 6, 55, 56, 70, 72
A. Cresens: p. 64 (L. en A. Bisson, 1854-1858).